Trois Eglises

La Symbolique de Notre Dame

Saint Merry

Saint Germain l'Auxerrois

par J. K. Huysmans

Editions René Kieffer

Relieur d'Art . 18 Rue Séguier, VI.

Paris 1920

Trois Eglises

Justification du Tirage

❧ ❧ ❧ ❧ ❧

20 Exemplaires contenant trois états des
eaux-fortes et une aquarelle originale
de l'illustrateur .. ..   700 ft.
Numérotés de 1 à 20

30 Exemplaires contenant trois états des
eaux-fortes .. ..   550 ft.
Numérotés de 21 à 50

20 Exemplaires contenant deux états des
eaux-fortes dont celui avec remarque.   400 ft.
Numérotés de 51 à 70

180 Exemplaires contenant un état des
eaux-fortes .. ..   300 ft.
Numérotés de 71 à 250

❧ ❧ ❧ ❧ ❧

Il a été tiré en outre DIX Exemplaires sur
Japon ancien à la forme contenant :

1° Une aquarelle originale.

2° Tous les états du graveur pour
chaque planche.

3° Une suite en couleurs tirée sous la direction
de Charles Jouas d'après ses originaux
1500 francs.

❧ ❧ ❧ ❧ ❧

Réservé à la Bibliothèque
Nationale

J.-K. Huysmans

Trois Eglises

Eaux-fortes originales de Ch. Jouas

Editions René Kieffer

Relieur d'Art, 18, Rue Séguier

Paris 1920

La

Symbolique

de Notre-Dame de Paris

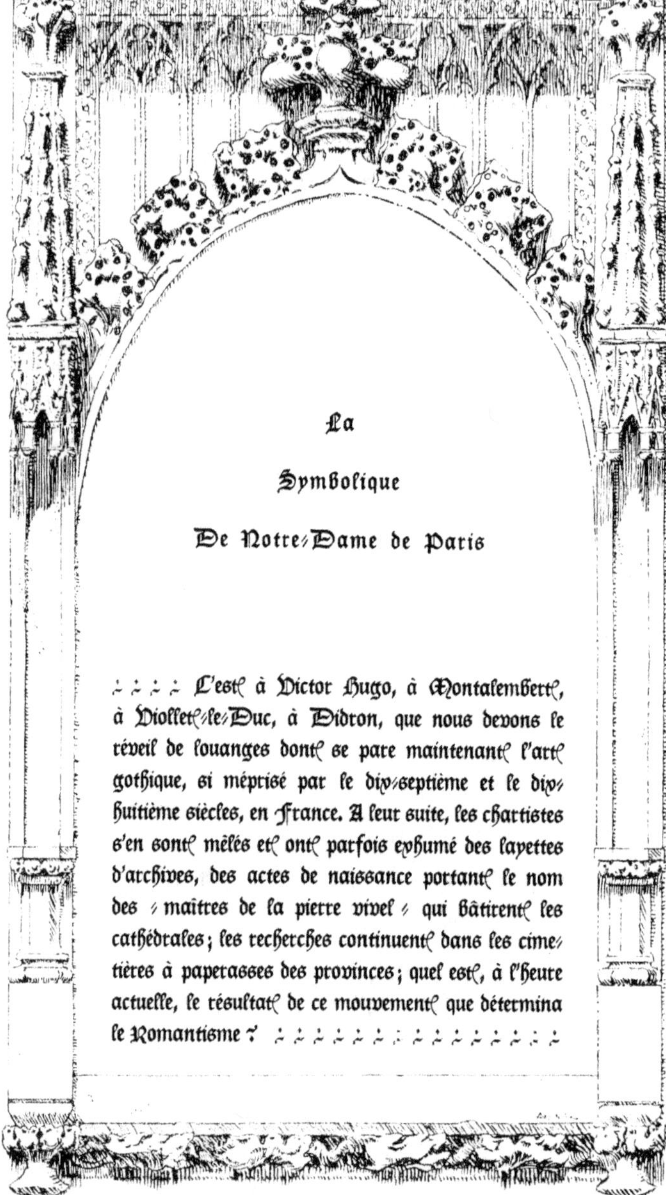

La

Symbolique

De Notre-Dame de Paris

C'est à Victor Hugo, à Montalembert, à Viollet-le-Duc, à Didron, que nous devons le réveil de louanges dont se pare maintenant l'art gothique, si méprisé par le dix-septième et le dix-huitième siècles, en France. A leur suite, les chartistes s'en sont mêlés et ont parfois exhumé des layettes d'archives, des actes de naissance portant le nom des « maîtres de la pierre vive » qui bâtirent les cathédrales; les recherches continuent dans les cimetières à paperasses des provinces; quel est, à l'heure actuelle, le résultat de ce mouvement que détermina le Romantisme ?

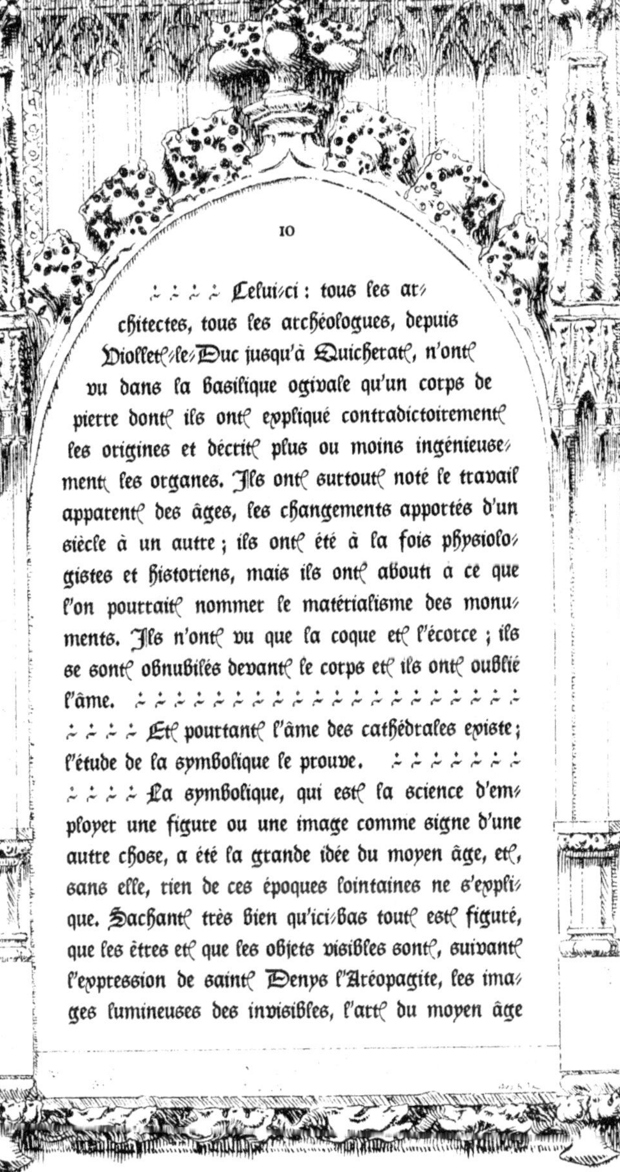

≈ ≈ ≈ ≈ Celui-ci : tous les architectes, tous les archéologues, depuis
Viollet-le-Duc jusqu'à Quicherat, n'ont
vu dans la basilique ogivale qu'un corps de
pierre dont ils ont expliqué contradictoirement
les origines et décrit plus ou moins ingénieuse-
ment les organes. Ils ont surtout noté le travail
apparent des âges, les changements apportés d'un
siècle à un autre ; ils ont été à la fois physiolo-
gistes et historiens, mais ils ont abouti à ce que
l'on pourrait nommer le matérialisme des monuments. Ils n'ont vu que la coque et l'écorce ; ils
se sont obnubilés devant le corps et ils ont oublié
l'âme. ≈ ≈ ≈ ≈ ≈ ≈ ≈ ≈ ≈ ≈ ≈ ≈ ≈ ≈ ≈
≈ ≈ ≈ ≈ Et pourtant l'âme des cathédrales existe ;
l'étude de la symbolique le prouve. ≈ ≈ ≈ ≈ ≈ ≈ ≈
≈ ≈ ≈ ≈ La symbolique, qui est la science d'em-
ployer une figure ou une image comme signe d'une
autre chose, a été la grande idée du moyen âge, et,
sans elle, rien de ces époques lointaines ne s'explique. Sachant très bien qu'ici-bas tout est figuré,
que les êtres et que les objets visibles sont, suivant
l'expression de saint Denys l'Aréopagite, les images lumineuses des invisibles, l'art du moyen âge

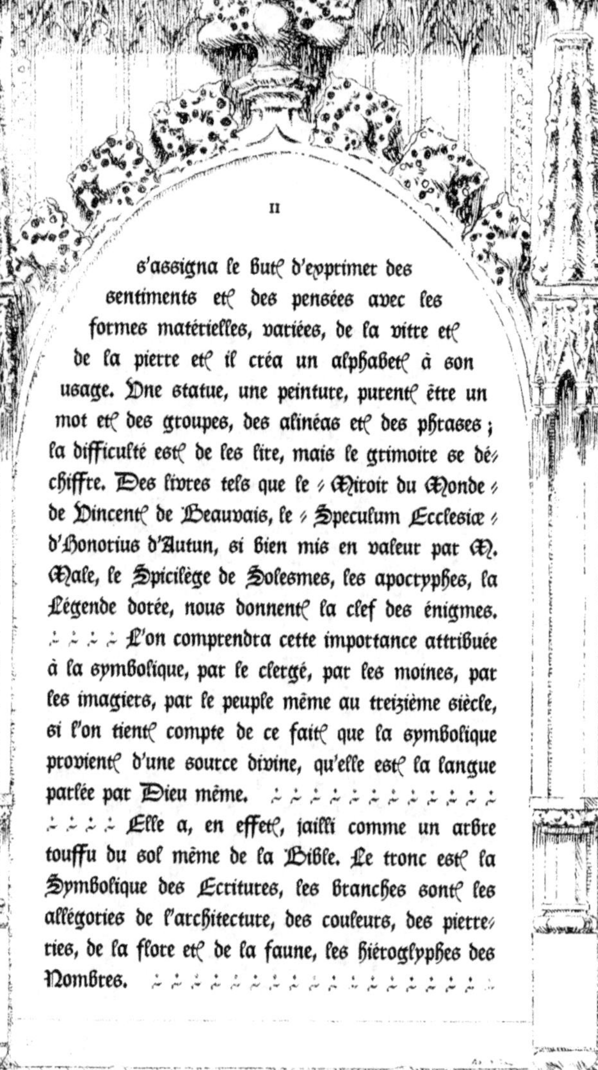

II

s'assigna le but d'exprimer des
sentiments et des pensées avec les
formes matérielles, variées, de la vitre et
de la pierre et il créa un alphabet à son
usage. Une statue, une peinture, purent être un
mot et des groupes, des alinéas et des phrases ;
la difficulté est de les lire, mais le grimoire se dé-
chiffre. Des livres tels que le « Miroir du Monde »
de Vincent de Beauvais, le « Speculum Ecclesiæ »
d'Honorius d'Autun, si bien mis en valeur par M.
Male, le Spicilège de Solesmes, les apocryphes, la
Légende dorée, nous donnent la clef des énigmes.
. . . . L'on comprendra cette importance attribuée
à la symbolique, par le clergé, par les moines, par
les imagiers, par le peuple même au treizième siècle,
si l'on tient compte de ce fait que la symbolique
provient d'une source divine, qu'elle est la langue
parlée par Dieu même. . . . .
. . . . Elle a, en effet, jailli comme un arbre
touffu du sol même de la Bible. Le tronc est la
Symbolique des Ecritures, les branches sont les
allégories de l'architecture, des couleurs, des pierre-
ries, de la flore et de la faune, les hiéroglyphes des
Nombres. . . . .

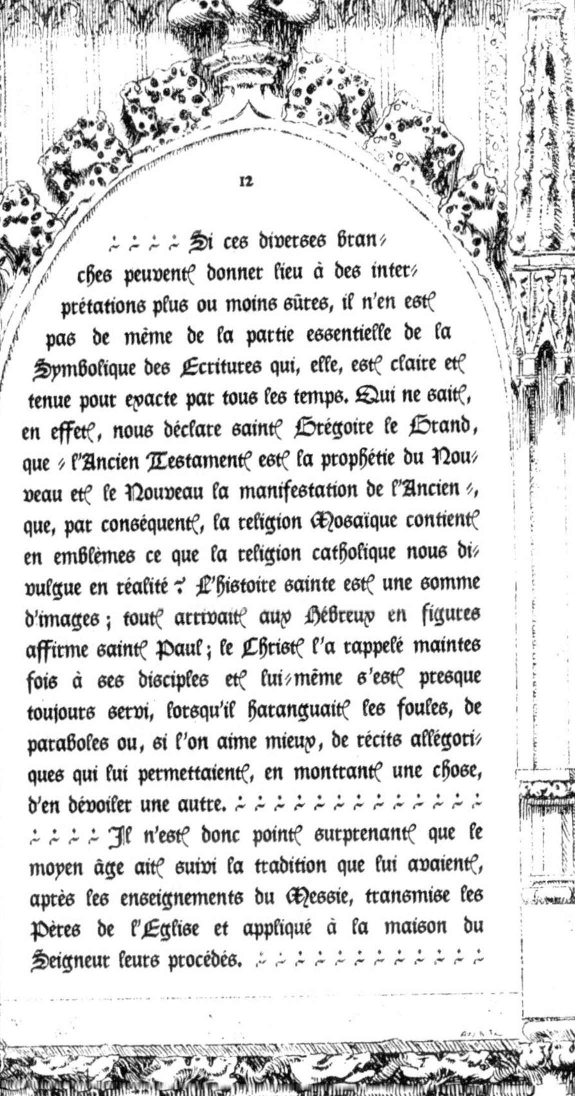

Si ces diverses bran-
ches peuvent donner lieu à des inter-
prétations plus ou moins sûres, il n'en est
pas de même de la partie essentielle de la
Symbolique des Écritures qui, elle, est claire et
tenue pour exacte par tous les temps. Qui ne sait,
en effet, nous déclare saint Grégoire le Grand,
que « l'Ancien Testament est la prophétie du Nouveau et le Nouveau la manifestation de l'Ancien »,
que, par conséquent, la religion Mosaïque contient
en emblèmes ce que la religion catholique nous di-
vulgue en réalité ? L'histoire sainte est une somme
d'images ; tout arrivait aux Hébreux en figures
affirme saint Paul ; le Christ l'a rappelé maintes
fois à ses disciples et lui-même s'est presque
toujours servi, lorsqu'il haranguait les foules, de
paraboles ou, si l'on aime mieux, de récits allégori-
ques qui lui permettaient, en montrant une chose,
d'en dévoiler une autre.

Il n'est donc point surprenant que le
moyen âge ait suivi la tradition que lui avaient,
après les enseignements du Messie, transmise les
Pères de l'Église et appliqué à la maison du
Seigneur leurs procédés.

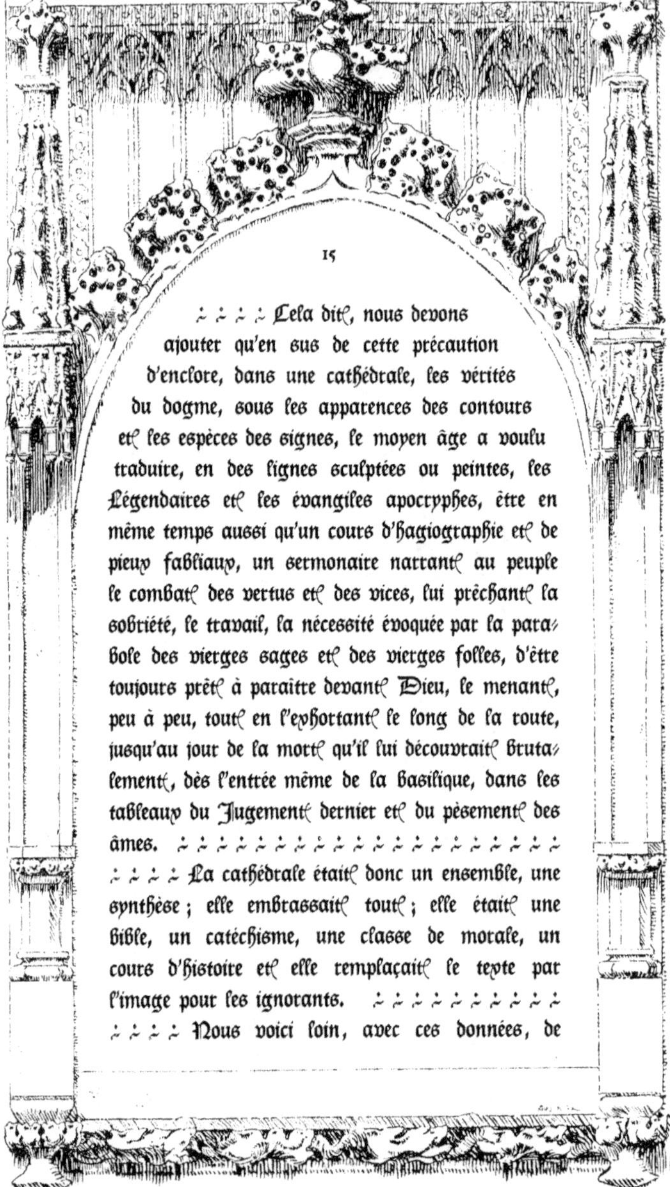

⁘ Cela dite, nous devons ajouter qu'en sus de cette précaution d'enclore, dans une cathédrale, les vérités du dogme, sous les apparences des contours et les espèces des signes, le moyen âge a voulu traduire, en des signes sculptées ou peintes, les Légendaires et les évangiles apocryphes, être en même temps aussi qu'un cours d'hagiographie et de pieux fabliaux, un sermonaire narrant au peuple le combat des vertus et des vices, lui prêchant la sobriété, le travail, la nécessité évoquée par la parabole des vierges sages et des vierges folles, d'être toujours prêt à paraître devant Dieu, le menant, peu à peu, tout en l'exhortant le long de la route, jusqu'au jour de la mort qu'il lui découvrait brutalement, dès l'entrée même de la basilique, dans les tableaux du Jugement dernier et du pèsement des âmes. ⁘

⁘ La cathédrale était donc un ensemble, une synthèse ; elle embrassait tout ; elle était une bible, un catéchisme, une classe de morale, un cours d'histoire et elle remplaçait le texte par l'image pour les ignorants. ⁘

⁘ Nous voici loin, avec ces données, de

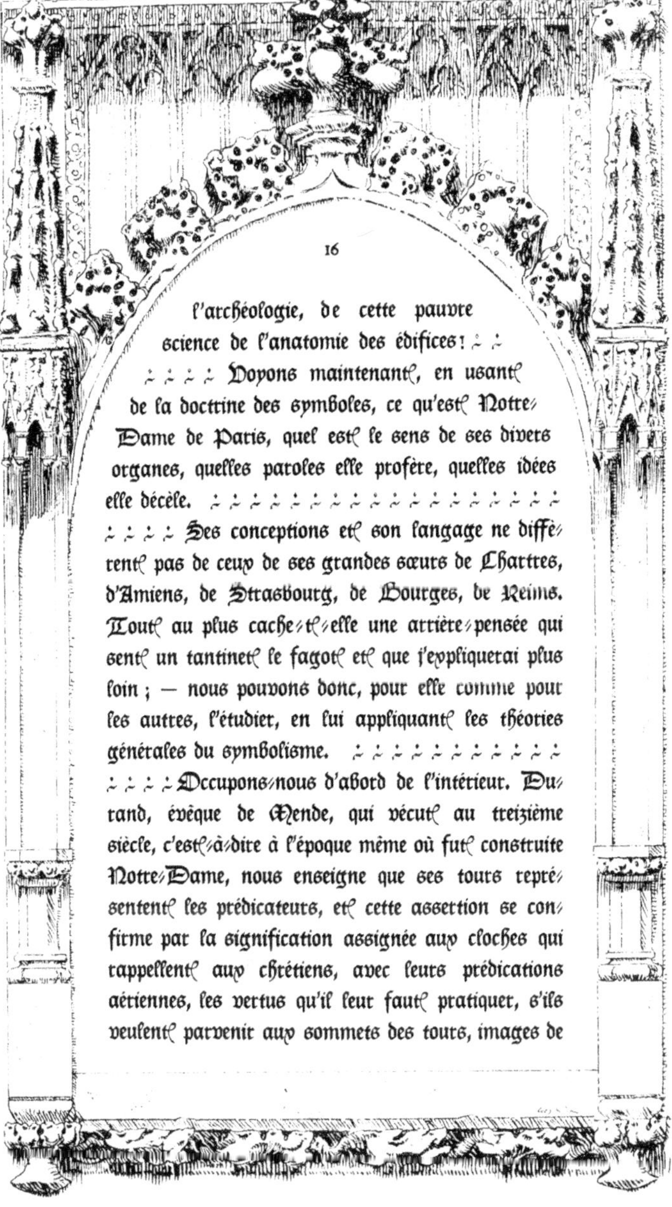

l'archéologie, de cette pauvre
science de l'anatomie des édifices! ‥ ‥

‥ ‥ Voyons maintenant, en usant
de la doctrine des symboles, ce qu'est Notre-
Dame de Paris, quel est le sens de ses divers
organes, quelles paroles elle profère, quelles idées
elle décèle. ‥ ‥ ‥ ‥ ‥ ‥ ‥ ‥ ‥ ‥ ‥ ‥

‥ ‥ ‥ Ses conceptions et son langage ne diffè-
rent pas de ceux de ses grandes sœurs de Chartres,
d'Amiens, de Strasbourg, de Bourges, de Reims.
Tout au plus cache-t-elle une arrière-pensée qui
sent un tantinet le fagot et que j'expliquerai plus
loin ; — nous pouvons donc, pour elle comme pour
les autres, l'étudier, en lui appliquant les théories
générales du symbolisme. ‥ ‥ ‥ ‥ ‥ ‥ ‥ ‥

‥ ‥ ‥ Occupons-nous d'abord de l'intérieur. Durand, évêque de Mende, qui vécut au treizième
siècle, c'est-à-dire à l'époque même où fut construite
Notre-Dame, nous enseigne que ses tours représentent les prédicateurs, et cette assertion se con-
firme par la signification assignée aux cloches qui
rappellent aux chrétiens, avec leurs prédications
aériennes, les vertus qu'il leur faut pratiquer, s'ils
veulent parvenir aux sommets des tours, images de

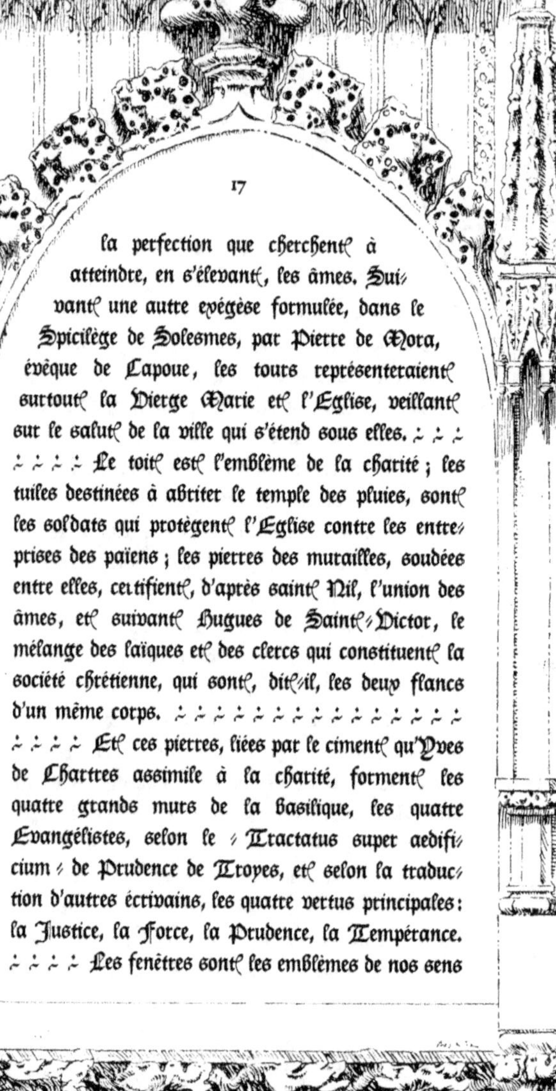

17

la perfection que cherchent à
atteindre, en s'élevant, les âmes. Suivant une autre exégèse formulée, dans le
Spicilège de Solesmes, par Pierre de Mora,
évêque de Capoue, les touts représenteraient
surtout la Vierge Marie et l'Eglise, veillant
sur le salut de la ville qui s'étend sous elles.
Le toit est l'emblème de la charité ; les
tuiles destinées à abriter le temple des pluies, sont
les soldats qui protègent l'Eglise contre les entre-
prises des païens ; les pierres des murailles, soudées
entre elles, certifient, d'après saint Nil, l'union des
âmes, et suivant Hugues de Saint-Victor, le
mélange des laïques et des clercs qui constituent la
société chrétienne, qui sont, dit-il, les deux flancs
d'un même corps. Et ces pierres, liées par le ciment qu'Yves
de Chartres assimile à la charité, forment les
quatre grands murs de la basilique, les quatre
Evangélistes, selon le « Tractatus super aedifi-
cium » de Prudence de Troyes, et selon la traduction d'autres écrivains, les quatre vertus principales:
la Justice, la Force, la Prudence, la Tempérance.
Les fenêtres sont les emblèmes de nos sens

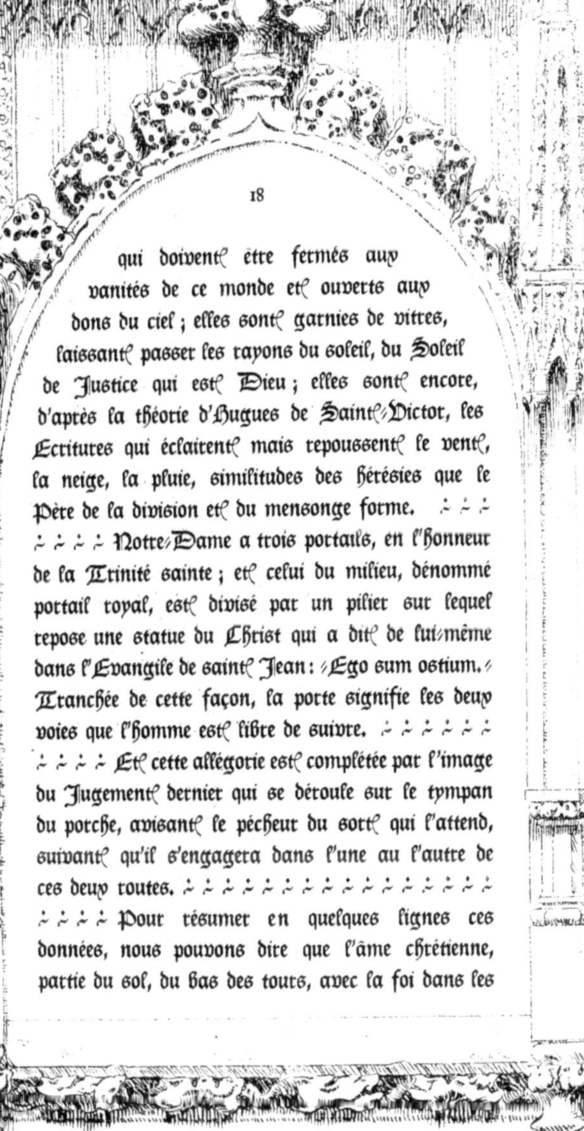

qui doivent être fermés aux
vanités de ce monde et ouverts aux
dons du ciel ; elles sont garnies de vitres,
laissant passer les rayons du soleil, du Soleil
de Justice qui est Dieu ; elles sont encore,
d'après la théorie d'Hugues de Saint-Victor, les
Écritures qui éclairent mais repoussent le vent,
la neige, la pluie, similitudes des hérésies que le
Père de la division et du mensonge forme. ⁓ ⁓ ⁓
⁓ ⁓ ⁓ ⁓ Notre-Dame a trois portails, en l'honneur
de la Trinité sainte ; et celui du milieu, dénommé
portail royal, est divisé par un pilier sur lequel
repose une statue du Christ qui a dit de lui-même
dans l'Évangile de saint Jean : ‹ Ego sum ostium. ›
Tranchée de cette façon, la porte signifie les deux
voies que l'homme est libre de suivre. ⁓ ⁓ ⁓ ⁓ ⁓ ⁓
⁓ ⁓ ⁓ ⁓ Et cette allégorie est complétée par l'image
du Jugement dernier qui se déroule sur le tympan
du porche, avisant le pécheur du sort qui l'attend,
suivant qu'il s'engagera dans l'une au l'autre de
ces deux routes. ⁓ ⁓ ⁓ ⁓ ⁓ ⁓ ⁓ ⁓ ⁓ ⁓ ⁓ ⁓ ⁓
⁓ ⁓ ⁓ ⁓ Pour résumer en quelques lignes ces
données, nous pouvons dire que l'âme chrétienne,
partie du sol, du bas des tours, avec la foi dans les

vérités primordiales de la religion, stipulées par les groupes des trois
porches : la Trinité, que le nombre même
de ces entrées avère, la croyance en la divinité
du Fils et la Maternité divine de la Vierge, ra-
contée par les statues et les figures, s'élève peu à
peu, en pratiquant les vertus désignées par les
grands murs, jusqu'au toit, symbole de la Charité
qui couvre une multitude de péchés, qui est la vertu
par excellence, selon saint Paul. ~ ~ ~ ~ ~ ~ ~
~ ~ ~ ~ Il ne lui reste plus dès lors, pour atteindre
le Seigneur et se fondre en Lui, qu'à gravir les
tours dont les sommets représentent les cimes de
la vie parfaite. ~ ~ ~ ~ ~ ~ ~ ~ ~ ~ ~ ~ ~
~ ~ ~ ~ Et cet abrégé de la théologie mystique
que la façade de Notre-Dame nous enseigne, nous
le retrouvons, condensé en d'autres termes, exprimé
par d'autres mots, dans son intérieur, par l'ensemble de la nef, du transept et du chœur, ces trois
degrés de l'ascèse, la vie purgative, énoncée par les
ténèbres de l'entrée, loin de l'autel ; la vie contem-
plative qui s'éclaire en avançant vers le chœur ; la
vie unitive qui ne se réalise que dans la partie
attribuée à Dieu, là où convergent les feux allumés

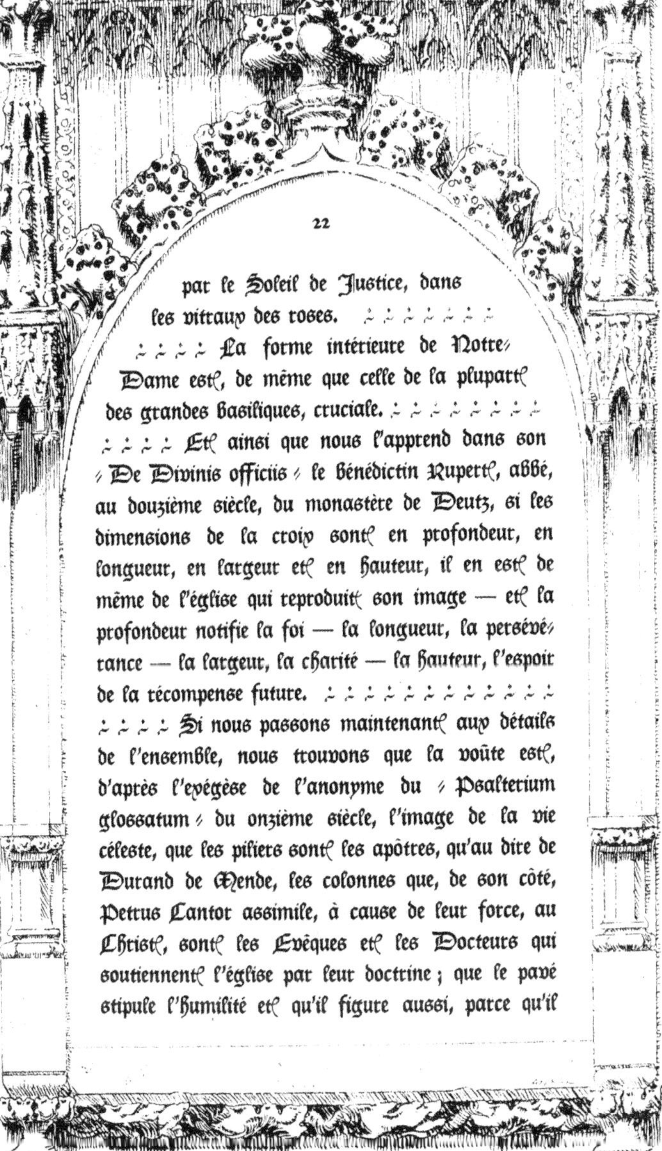

par le Soleil de Justice, dans les vitraux des roses. ; ; ; ; ; ; ;

; ; ; ; La forme intérieure de Notre Dame est, de même que celle de la plupart des grandes basiliques, cruciale. ; ; ; ; ; ; ;

; ; ; ; Et ainsi que nous l'apprend dans son ; De Divinis officiis ; le Bénédictin Rupert, abbé, au douzième siècle, du monastère de Deutz, si les dimensions de la croix sont en profondeur, en longueur, en largeur et en hauteur, il en est de même de l'église qui reproduit son image — et la profondeur notifie la foi — la longueur, la persévérance — la largeur, la charité — la hauteur, l'espoir de la récompense future. ; ; ; ; ; ; ; ; ; ;

; ; ; Si nous passons maintenant aux détails de l'ensemble, nous trouvons que la voûte est, d'après l'exégèse de l'anonyme du ; Psalterium glossatum ; du onzième siècle, l'image de la vie céleste, que les piliers sont les apôtres, qu'au dire de Durand de Mende, les colonnes que, de son côté, Pettus Cantor assimile, à cause de leur force, au Christ, sont les Evêques et les Docteurs qui soutiennent l'église par leur doctrine ; que le pavé stipule l'humilité et qu'il figure aussi, parce qu'il

esté foulé aux pieds, les labeurs
mis au service de la Foi, des fidèles ;
que le jubé, supprimé presque partouté eté
remplacé par le coquetier, plus ou moins
éléganté, de la chaire à prêcher, esté l'emblème de
la montagne du hauté de laquelle parlaité le Fils.
Le chœur eté le sanctuaire symbolisenté le
ciel, tandis que la nef simule la terre eté comme
l'on ne peuté s'élever de la terre jusqu'au ciel que
par les souffrances rédemptrices de la croix, l'on
érigeaité jadis, au sommeté de l'arcade grandiose
qui réunité la nef au chœur, un crucifix colossal.
L'ignorance des architectes eté des curés a
depuis longtemps faité disparaître cette croix gigantesque de Notre-Dame.
Le signe marquanté la division des deux
mondes ne subsiste plus maintenanté dans cette
église que grâce à la grille qui entoure le chœur eté
limite les deux zones, celle de Dieu eté celle des
hommes, dité sainté Grégoire de Nazianze, dans
un poème cité par l'abbé Thiers.
De son côté, l'abside, qui s'arrondité
derrière le sanctuaire eté affecte dans la pluparté des
cathédrales la forme d'un demi-cercle, rappelle la

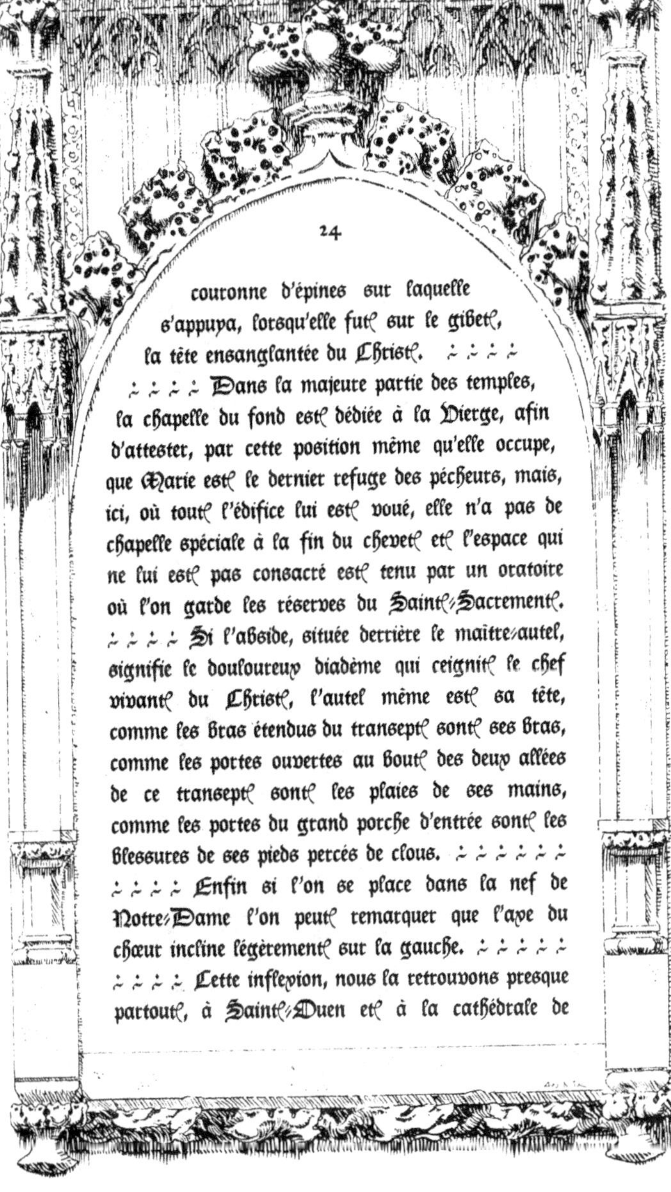
24

couronne d'épines sur laquelle
s'appuya, lorsqu'elle fut sur le gibet,
la tête ensanglantée du Christ. ⁖ ⁖ ⁖
⁖ ⁖ ⁖ ⁖ Dans la majeure partie des temples,
la chapelle du fond est dédiée à la Vierge, afin
d'attester, par cette position même qu'elle occupe,
que Marie est le dernier refuge des pécheurs, mais,
ici, où tout l'édifice lui est voué, elle n'a pas de
chapelle spéciale à la fin du chevet et l'espace qui
ne lui est pas consacré est tenu par un oratoire
où l'on garde les réserves du Saint-Sacrement.
⁖ ⁖ ⁖ ⁖ Si l'abside, située derrière le maître-autel,
signifie le douloureux diadème qui ceignit le chef
vivant du Christ, l'autel même est sa tête,
comme les bras étendus du transept sont ses bras,
comme les portes ouvertes au bout des deux allées
de ce transept sont les plaies de ses mains,
comme les portes du grand porche d'entrée sont les
blessures de ses pieds percés de clous. ⁖ ⁖ ⁖ ⁖ ⁖
⁖ ⁖ ⁖ ⁖ Enfin si l'on se place dans la nef de
Notre-Dame l'on peut remarquer que l'axe du
chœur incline légèrement sur la gauche. ⁖ ⁖ ⁖ ⁖
⁖ ⁖ ⁖ ⁖ Cette inflexion, nous la retrouvons presque
partout, à Saint-Ouen et à la cathédrale de

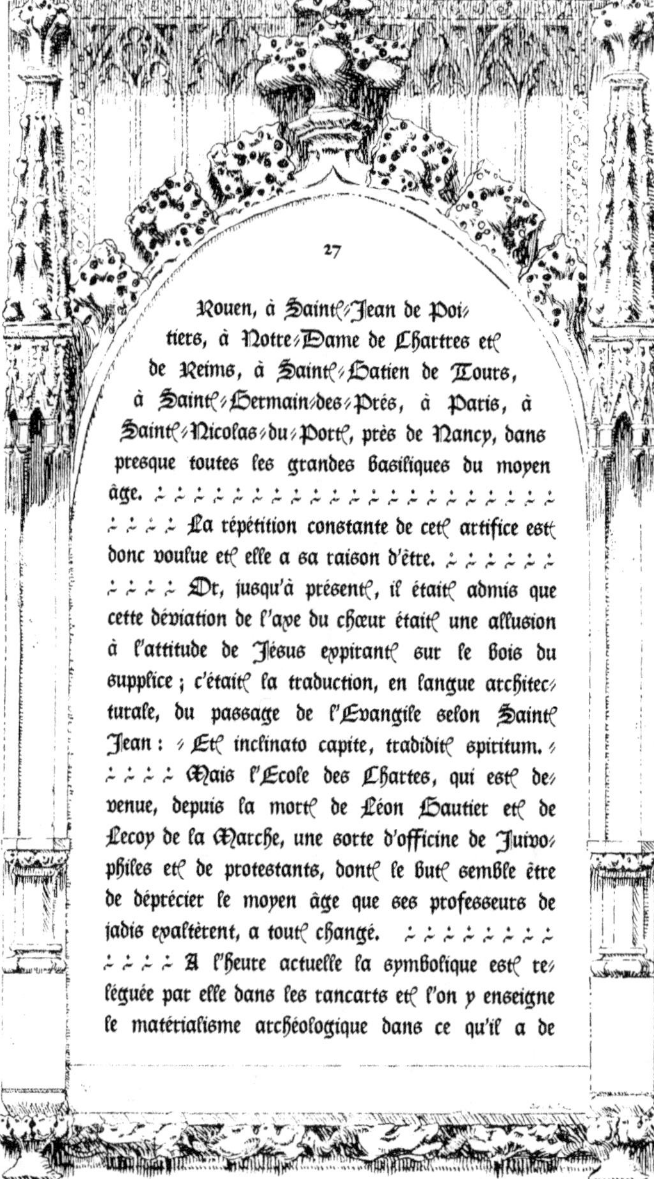

27

Rouen, à Saint-Jean de Poitiers, à Notre-Dame de Chartres et
de Reims, à Saint-Gatien de Tours,
à Saint-Germain-des-Prés, à Paris, à
Saint-Nicolas-du-Port, près de Nancy, dans
presque toutes les grandes basiliques du moyen
âge.

La répétition constante de cet artifice est
donc voulue et elle a sa raison d'être.

Or, jusqu'à présent, il était admis que
cette déviation de l'axe du chœur était une allusion
à l'attitude de Jésus expirant sur le bois du
supplice ; c'était la traduction, en langue architec-
turale, du passage de l'Évangile selon Saint
Jean : Et inclinato capite, tradidit spiritum.

Mais l'École des Chartes, qui est devenue, depuis la mort de Léon Gautier et de
Lecoy de la Marche, une sorte d'officine de Juivo-
philes et de protestants, dont le but semble être
de déprécier le moyen âge que ses professeurs de
jadis exaltèrent, a tout changé.

A l'heure actuelle la symbolique est té-
léguée par elle dans les rancarts et l'on y enseigne
le matérialisme archéologique dans ce qu'il a de

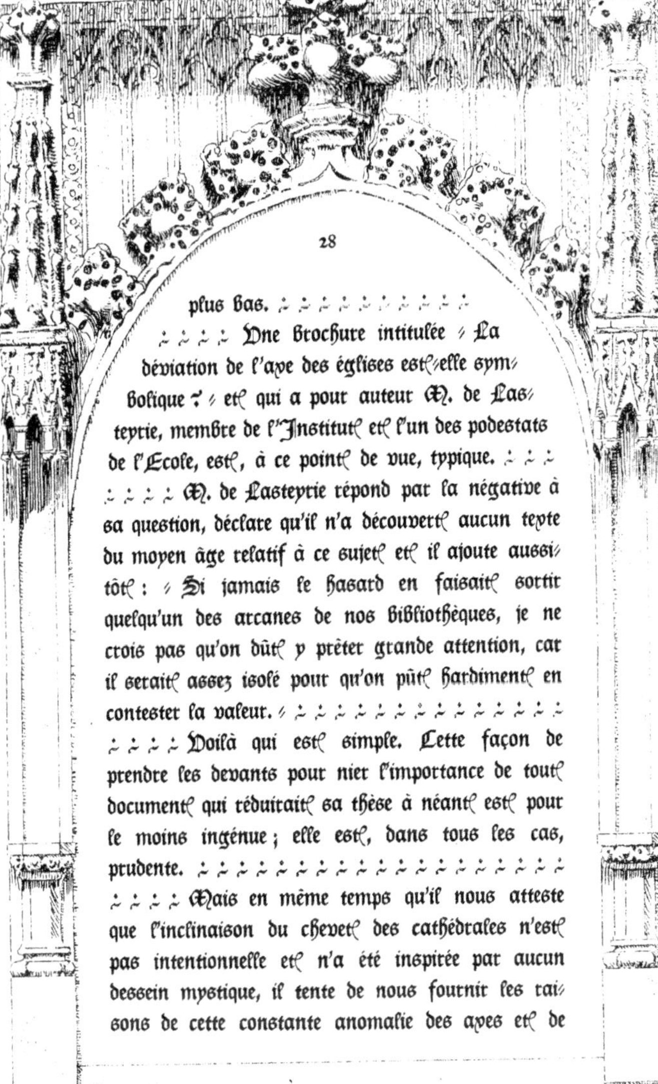

plus bas. ~ ~ ~ ~ ~ ~ ~ ~ ~ ~

~ ~ ~ ~ Une brochure intitulée « La déviation de l'axe des églises est-elle symbolique ? » et qui a pour auteur M. de Lasteyrie, membre de l'Institut et l'un des podestats de l'École, est, à ce point de vue, typique. ~ ~ ~

~ ~ ~ ~ M. de Lasteyrie répond par la négative à sa question, déclare qu'il n'a découvert aucun texte du moyen âge relatif à ce sujet et il ajoute aussitôt : « Si jamais le hasard en faisait sortir quelqu'un des arcanes de nos bibliothèques, je ne crois pas qu'on dût y prêter grande attention, car il serait assez isolé pour qu'on pût hardiment en contester la valeur. » ~ ~ ~ ~ ~ ~ ~ ~ ~ ~ ~ ~

~ ~ ~ ~ Voilà qui est simple. Cette façon de prendre les devants pour nier l'importance de tout document qui réduirait sa thèse à néant est pour le moins ingénue ; elle est, dans tous les cas, prudente. ~ ~ ~ ~ ~ ~ ~ ~ ~ ~ ~ ~ ~ ~ ~

~ ~ ~ ~ Mais en même temps qu'il nous atteste que l'inclinaison du chevet des cathédrales n'est pas intentionnelle et n'a été inspirée par aucun dessein mystique, il tente de nous fournir les raisons de cette constante anomalie des axes et de

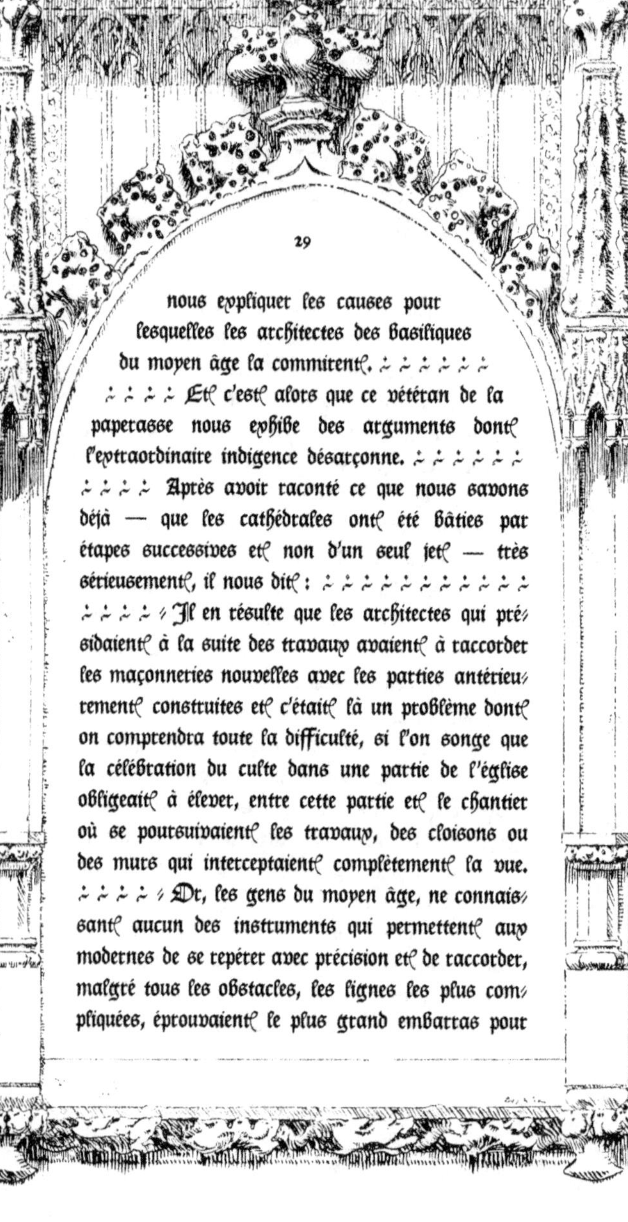

nous expliquer les causes pour lesquelles les architectes des basiliques du moyen âge la commirent. ◡ ◡ ◡ ◡ ◡ ◡ ◡ ◡ Et c'est alors que ce vétéran de la paperasse nous exhibe des arguments dont l'extraordinaire indigence désarçonne. ◡ ◡ ◡ ◡ ◡ Après avoir raconté ce que nous savons déjà — que les cathédrales ont été bâties par étapes successives et non d'un seul jet — très sérieusement, il nous dit : ◡ ◡ ◡ ◡ ◡ ◡ ◡ ◡ ◡ ◡ Il en résulte que les architectes qui présidaient à la suite des travaux avaient à raccorder les maçonneries nouvelles avec les parties antérieurement construites et c'était là un problème dont on comprendra toute la difficulté, si l'on songe que la célébration du culte dans une partie de l'église obligeait à élever, entre cette partie et le chantier où se poursuivaient les travaux, des cloisons ou des murs qui interceptaient complètement la vue. ◡ ◡ ◡ ◡ Or, les gens du moyen âge, ne connaissant aucun des instruments qui permettent aux modernes de se repéter avec précision et de raccorder, malgré tous les obstacles, les lignes les plus compliquées, éprouvaient le plus grand embarras pour

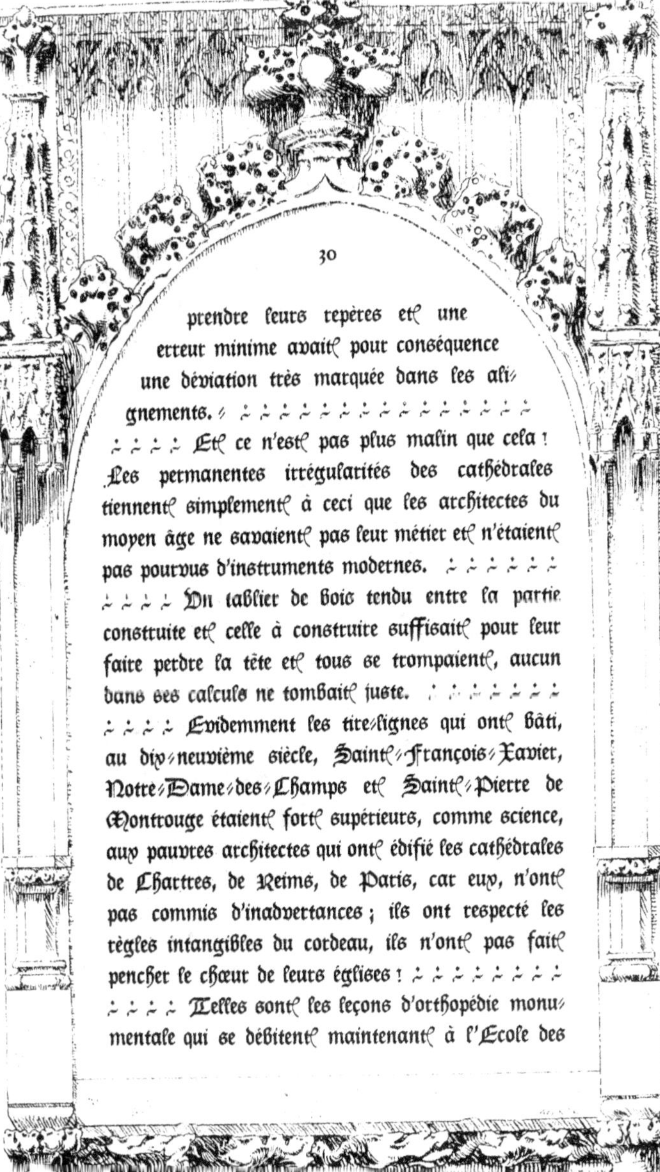

prendre leurs repères et une
erreur minime avait pour conséquence
une déviation très marquée dans les ali-
gnements.

Et ce n'est pas plus malin que cela !
Les permanentes irrégularités des cathédrales
tiennent simplement à ceci que les architectes du
moyen âge ne savaient pas leur métier et n'étaient
pas pourvus d'instruments modernes.

Un tablier de bois tendu entre la partie
construite et celle à construire suffisait pour leur
faire perdre la tête et tous se trompaient, aucun
dans ses calculs ne tombait juste.

Évidemment les tire-lignes qui ont bâti,
au dix-neuvième siècle, Saint-François-Xavier,
Notre-Dame-des-Champs et Saint-Pierre de
Montrouge étaient fort supérieurs, comme science,
aux pauvres architectes qui ont édifié les cathédrales
de Chartres, de Reims, de Paris, car eux, n'ont
pas commis d'inadvertances ; ils ont respecté les
règles intangibles du cordeau, ils n'ont pas fait
pencher le chœur de leurs églises !

Telles sont les leçons d'orthopédie monumentale qui se débitent maintenant à l'École des

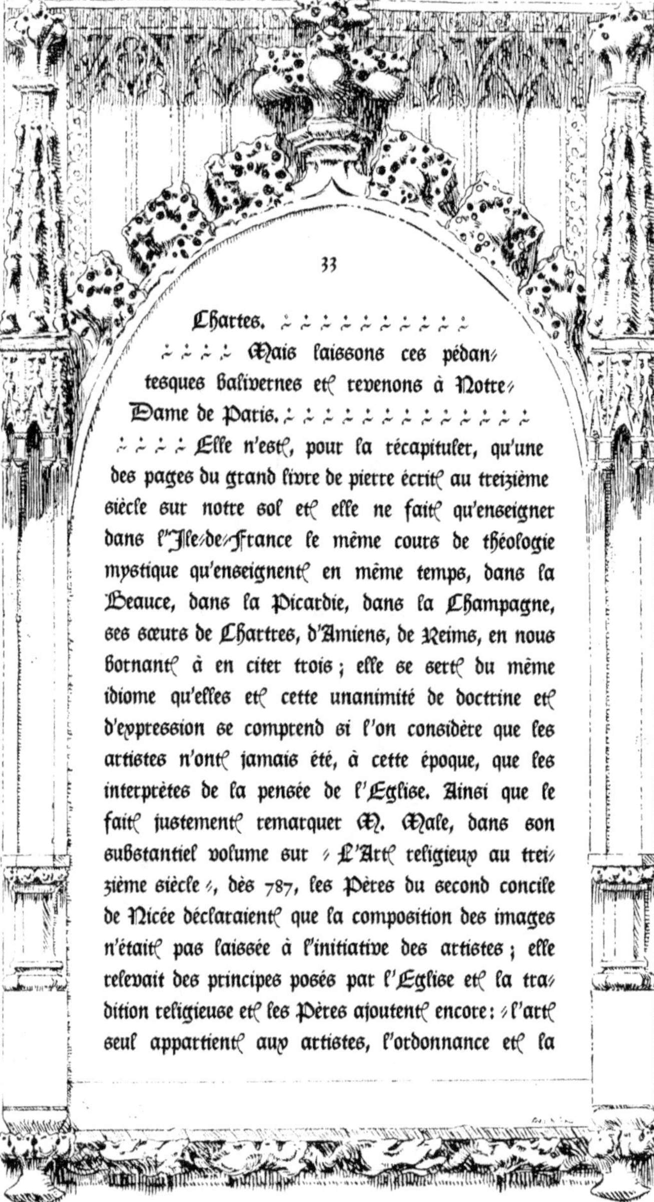

33

Chartes. ~ ~ ~ ~ ~ ~ ~ ~ ~
~ ~ ~ Mais laissons ces pédan-
tesques balivernes et revenons à Notre-
Dame de Paris. ~ ~ ~ ~ ~ ~ ~ ~ ~ ~
~ ~ ~ Elle n'est, pour la récapituler, qu'une
des pages du grand livre de pierre écrit au treizième
siècle sur notre sol et elle ne fait qu'enseigner
dans l'Ile-de-France le même cours de théologie
mystique qu'enseignent en même temps, dans la
Beauce, dans la Picardie, dans la Champagne,
ses sœurs de Chartres, d'Amiens, de Reims, en nous
bornant à en citer trois ; elle se sert du même
idiome qu'elles et cette unanimité de doctrine et
d'expression se comprend si l'on considère que les
artistes n'ont jamais été, à cette époque, que les
interprètes de la pensée de l'Eglise. Ainsi que le
fait justement remarquer Æ. Male, dans son
substantiel volume sur « L'Art religieux au treizième siècle », dès 787, les Pères du second concile
de Nicée déclaraient que la composition des images
n'était pas laissée à l'initiative des artistes ; elle
relevait des principes posés par l'Eglise et la tradition religieuse et les Pères ajoutent encore: « l'art
seul appartient aux artistes, l'ordonnance et la

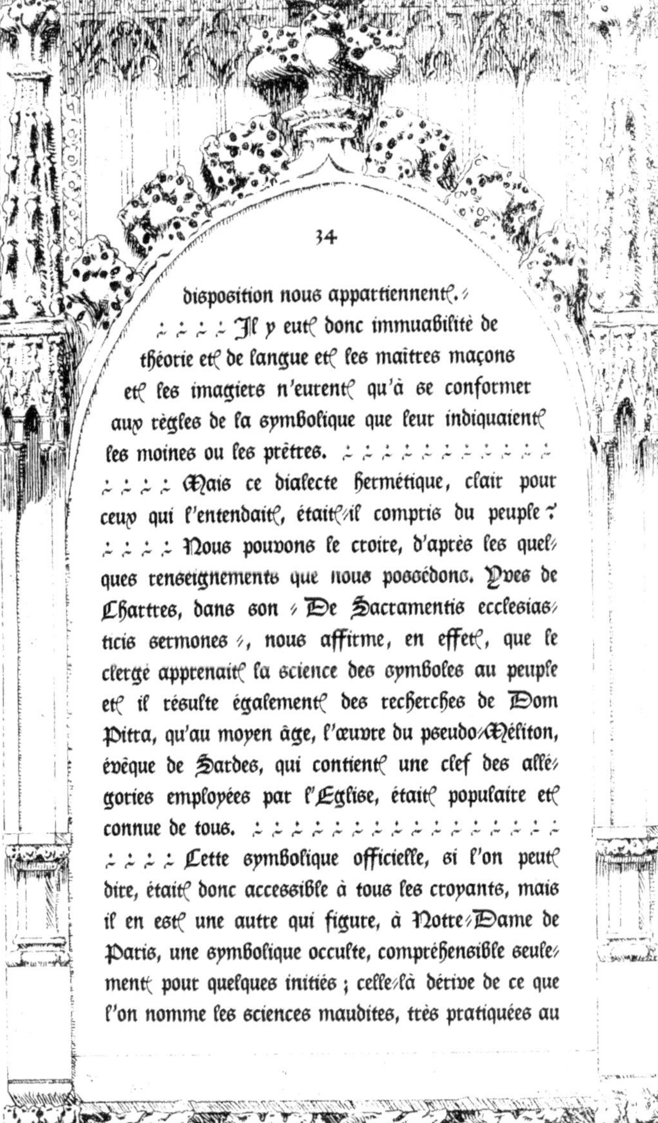

disposition nous appartiennent. »

.·.·.· Il y eut donc immuabilité de théorie et de langue et les maîtres maçons et les imagiers n'eurent qu'à se conformer aux règles de la symbolique que leur indiquaient les moines ou les prêtres. .·.·.·.·.·.·.·.·.·.·.·.

.·.·.· Mais ce dialecte hermétique, clair pour ceux qui l'entendait, était-il compris du peuple ?

.·.·.· Nous pouvons le croire, d'après les quelques renseignements que nous possédons. Yves de Chartres, dans son « De Sacramentis ecclesiasticis sermones », nous affirme, en effet, que le clergé apprenait la science des symboles au peuple et il résulte également des recherches de Dom Pitra, qu'au moyen âge, l'œuvre du pseudo-Méliton, évêque de Sardes, qui contient une clef des allégories employées par l'Église, était populaire et connue de tous. .·.·.·.·.·.·.·.·.·.·.·.

.·.·.· Cette symbolique officielle, si l'on peut dire, était donc accessible à tous les croyants, mais il en est une autre qui figure, à Notre-Dame de Paris, une symbolique occulte, compréhensible seulement pour quelques initiés ; celle-là dérive de ce que l'on nomme les sciences maudites, très pratiquées au

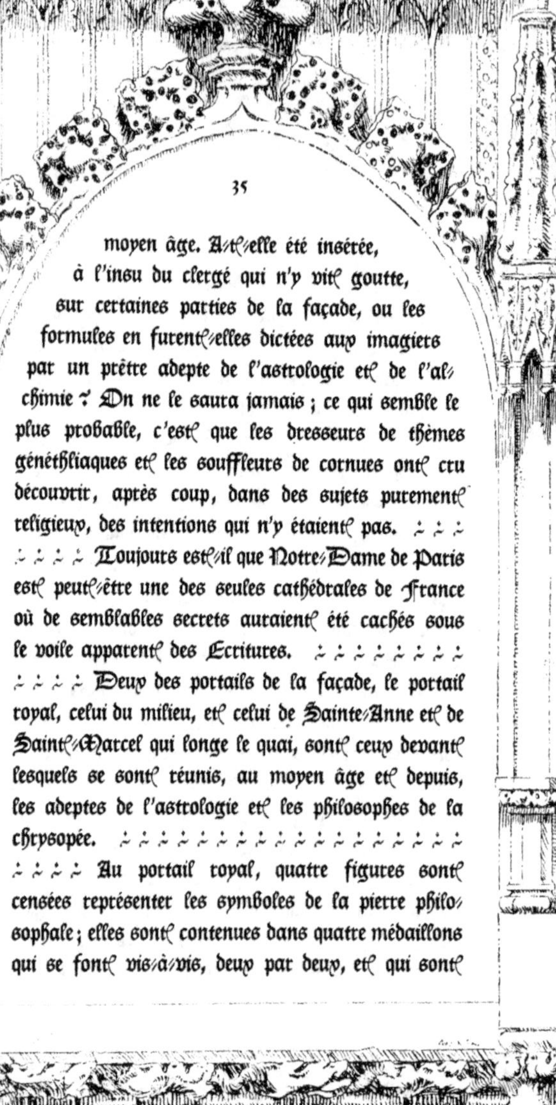

moyen âge. A-t-elle été insérée,
à l'insu du clergé qui n'y vit goutte,
sur certaines parties de la façade, ou les
formules en furent-elles dictées aux imagiers
par un prêtre adepte de l'astrologie et de l'alchimie ? On ne le saura jamais ; ce qui semble le
plus probable, c'est que les dresseurs de thèmes
généthliaques et les souffleurs de cornues ont cru
découvrir, après coup, dans des sujets purement
religieux, des intentions qui n'y étaient pas.

Toujours est-il que Notre-Dame de Paris
est peut-être une des seules cathédrales de France
où de semblables secrets auraient été cachés sous
le voile apparent des Écritures.

Deux des portails de la façade, le portail
royal, celui du milieu, et celui de Sainte-Anne et de
Sainte-Marcel qui longe le quai, sont ceux devant
lesquels se sont réunis, au moyen âge et depuis,
les adeptes de l'astrologie et les philosophes de la
chrysopée.

Au portail royal, quatre figures sont
censées représenter les symboles de la pierre philo-
sophale ; elles sont contenues dans quatre médaillons
qui se font vis-à-vis, deux par deux, et qui sont

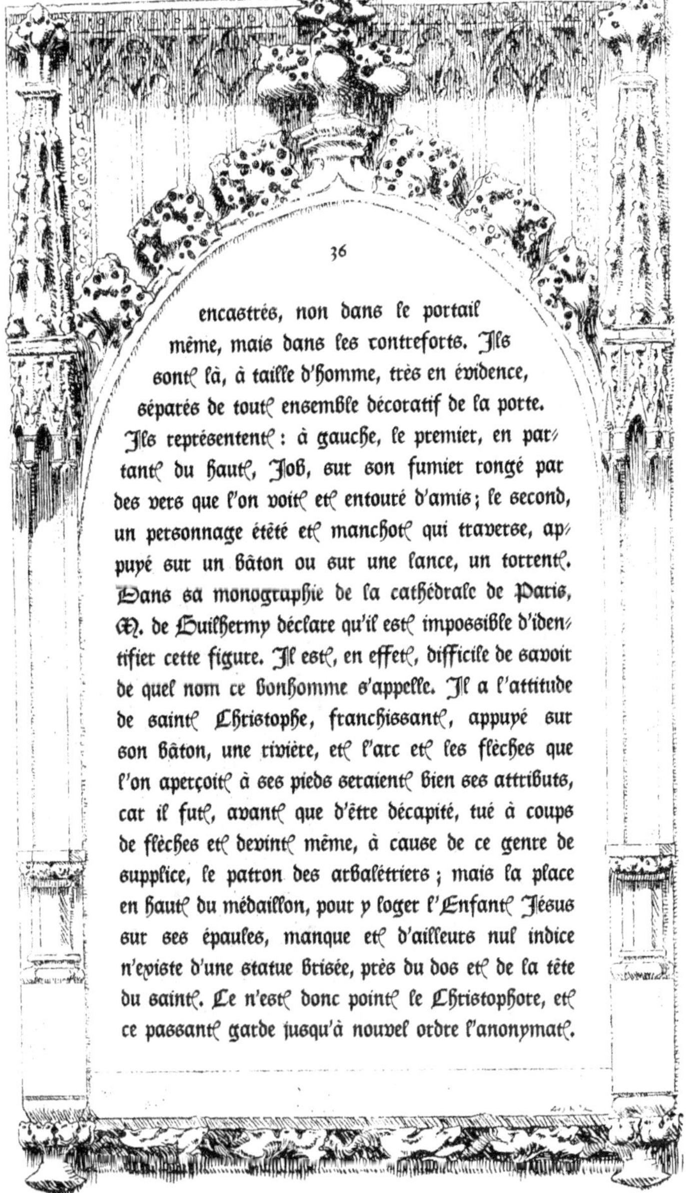

encastrés, non dans le portail
même, mais dans les contreforts. Ils
sont là, à taille d'homme, très en évidence,
séparés de tout ensemble décoratif de la porte.
Ils représentent : à gauche, le premier, en partant du haut, Job, sur son fumier rongé par
des vers que l'on voit et entouré d'amis ; le second,
un personnage étêté et manchot qui traverse, appuyé sur un bâton ou sur une lance, un torrent.
Dans sa monographie de la cathédrale de Paris,
M. de Guilhermy déclare qu'il est impossible d'iden-
tifier cette figure. Il est, en effet, difficile de savoir
de quel nom ce bonhomme s'appelle. Il a l'attitude
de saint Christophe, franchissant, appuyé sur
son bâton, une rivière, et l'arc et les flèches que
l'on aperçoit à ses pieds seraient bien ses attributs,
car il fut, avant que d'être décapité, tué à coups
de flèches et devint même, à cause de ce genre de
supplice, le patron des arbalétriers ; mais la place
en haut du médaillon, pour y loger l'Enfant Jésus
sur ses épaules, manque et d'ailleurs nul indice
n'existe d'une statue brisée, près du dos et de la tête
du saint. Ce n'est donc point le Christophore, et
ce passant garde jusqu'à nouvel ordre l'anonymat.

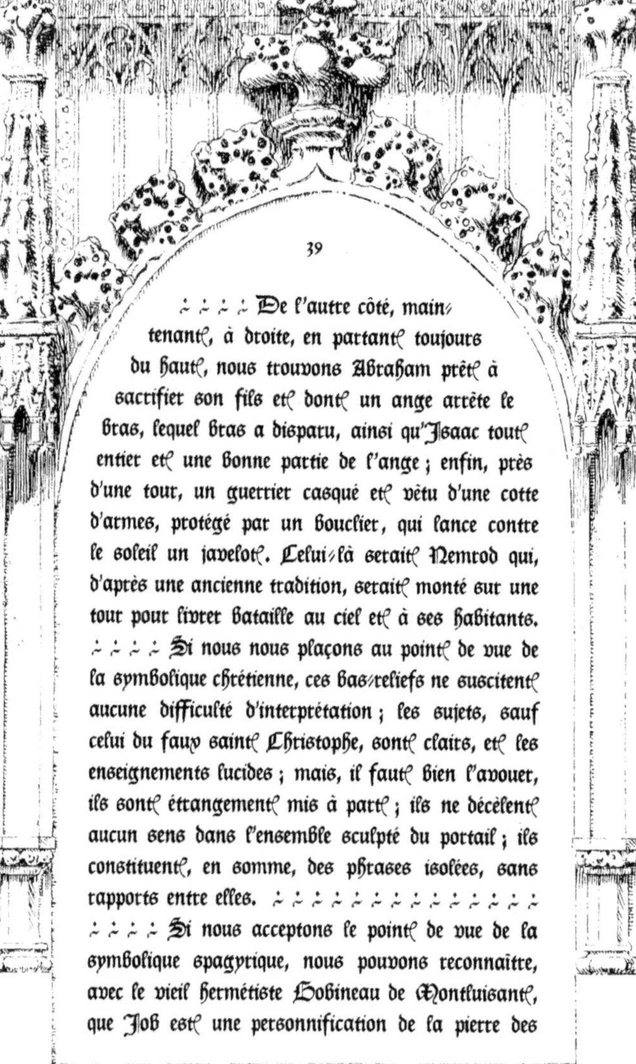

⁂ De l'autre côté, main‑
tenant, à droite, en partant toujours
du haut, nous trouvons Abraham prêt à
sacrifier son fils et dont un ange arrête le
bras, lequel bras a disparu, ainsi qu'Isaac tout
entier et une bonne partie de l'ange ; enfin, près
d'une tour, un guerrier casqué et vêtu d'une cotte
d'armes, protégé par un bouclier, qui lance contre
le soleil un javelot. Celui‑là serait Nemrod qui,
d'après une ancienne tradition, serait monté sur une
tour pour livrer bataille au ciel et à ses habitants.

⁂ Si nous nous plaçons au point de vue de
la symbolique chrétienne, ces bas‑reliefs ne suscitent
aucune difficulté d'interprétation ; les sujets, sauf
celui du faux saint Christophe, sont clairs, et les
enseignements lucides ; mais, il faut bien l'avouer,
ils sont étrangement mis à part ; ils ne décèlent
aucun sens dans l'ensemble sculpté du portail ; ils
constituent, en somme, des phrases isolées, sans
rapports entre elles. ⁂

⁂ Si nous acceptons le point de vue de la
symbolique spagyrique, nous pouvons reconnaître,
avec le vieil hermétiste Gobineau de Montluisant,
que Job est une personnification de la pierre des

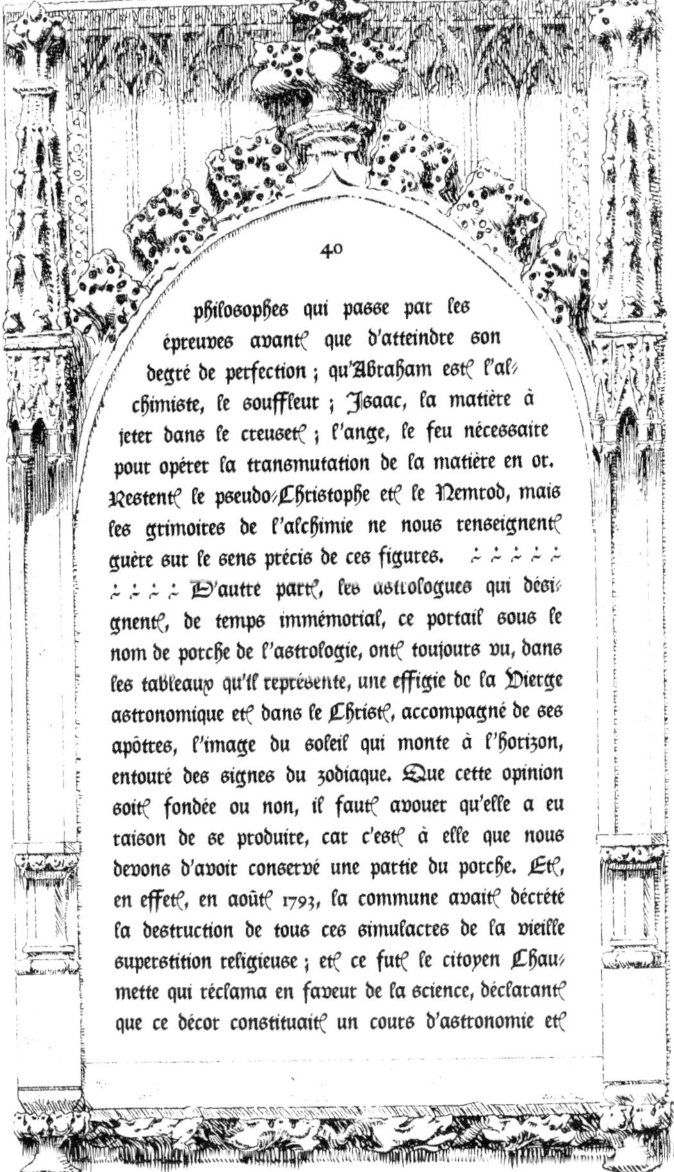

40

philosophes qui passe par les épreuves avant que d'atteindre son degré de perfection ; qu'Abraham est l'alchimiste, le souffleur ; Isaac, la matière à jeter dans le creuset ; l'ange, le feu nécessaire pour opérer la transmutation de la matière en or. Restent le pseudo-Christophe et le Nemrod, mais les grimoires de l'alchimie ne nous renseignent guère sur le sens précis de ces figures. ᛫ ᛫ ᛫ ᛫ ᛫ ᛫ ᛫ ᛫ D'autre part, les astrologues qui désignent, de temps immémorial, ce portail sous le nom de porche de l'astrologie, ont toujours vu, dans les tableaux qu'il représente, une effigie de la Vierge astronomique et dans le Christ, accompagné de ses apôtres, l'image du soleil qui monte à l'horizon, entouré des signes du zodiaque. Que cette opinion soit fondée ou non, il faut avouer qu'elle a eu raison de se produire, car c'est à elle que nous devons d'avoir conservé une partie du porche. Et, en effet, en août 1793, la commune avait décrété la destruction de tous ces simulacres de la vieille superstition religieuse ; et ce fut le citoyen Chaumette qui réclama en faveur de la science, déclarant que ce décor constituait un cours d'astronomie et

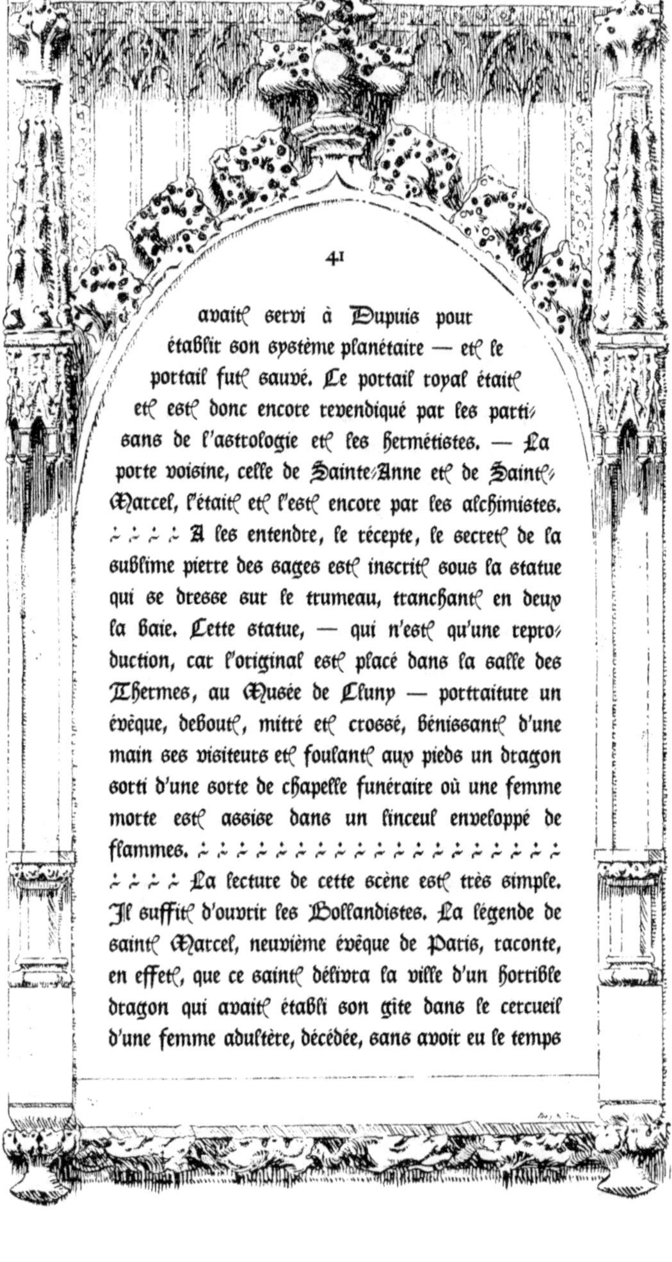

avait servi à Dupuis pour
établir son système planétaire — et le
portail fut sauvé. Le portail royal était
et est donc encore revendiqué par les partisans de l'astrologie et les hermétistes. — La
porte voisine, celle de Sainte-Anne et de Saint-
Marcel, l'était et l'est encore par les alchimistes.
≈ ≈ ≈ A les entendre, le récepte, le secret de la
sublime pierre des sages est inscrit sous la statue
qui se dresse sur le trumeau, tranchant en deux
la baie. Cette statue, — qui n'est qu'une repro-
duction, car l'original est placé dans la salle des
Thermes, au Musée de Cluny — porttaiture un
évêque, debout, mitré et crossé, bénissant d'une
main ses visiteurs et foulant aux pieds un dragon
sorti d'une sorte de chapelle funéraire où une femme
morte est assise dans un linceul enveloppé de
flammes. ≈ ≈ ≈ ≈ ≈ ≈ ≈ ≈ ≈ ≈ ≈ ≈ ≈ ≈ ≈
≈ ≈ ≈ La lecture de cette scène est très simple.
Il suffit d'ouvrir les Bollandistes. La légende de
saint Marcel, neuvième évêque de Paris, raconte,
en effet, que ce saint délivra la ville d'un horrible
dragon qui avait établi son gîte dans le cercueil
d'une femme adultère, décédée, sans avoir eu le temps

de se repentir et sans avoir reçu
les sacrements ; le saint frappa de sa
crosse le monstre, lui entoura le cou de son
étole, l'emmena à quelques lieues de Paris,
dans un désert, et là, lui intima l'ordre, auquel
d'ailleurs il obéit, de ne jamais plus retourner dans
la ville. Ajoutons ce détail, qu'aux processions des
Rogations, le clergé de Notre-Dame faisait autrefois porter, en souvenir de ce miracle, un grand
dragon d'osier dans la gueule ouverte duquel le
peuple jetait des gâteaux et des fruits. Cette
coutume, qui remontait au moyen âge, a pris fin
en 1730. Telle est la version de l'Église ; autre
est celle des alchimistes. Dans son cours de philosophie hermétique, Cambriel explique ainsi cette
figure : Sous les pieds de l'évêque, sur le socle
même de sa statue, de chaque côté, deux ronds de
pierre sont sculptés. Les ronds de droite seraient
les simulacres de la nature métallique brute, telle
qu'on l'extrait de la mine, les ronds de gauche,
négligés comme les premiers par la symbolique

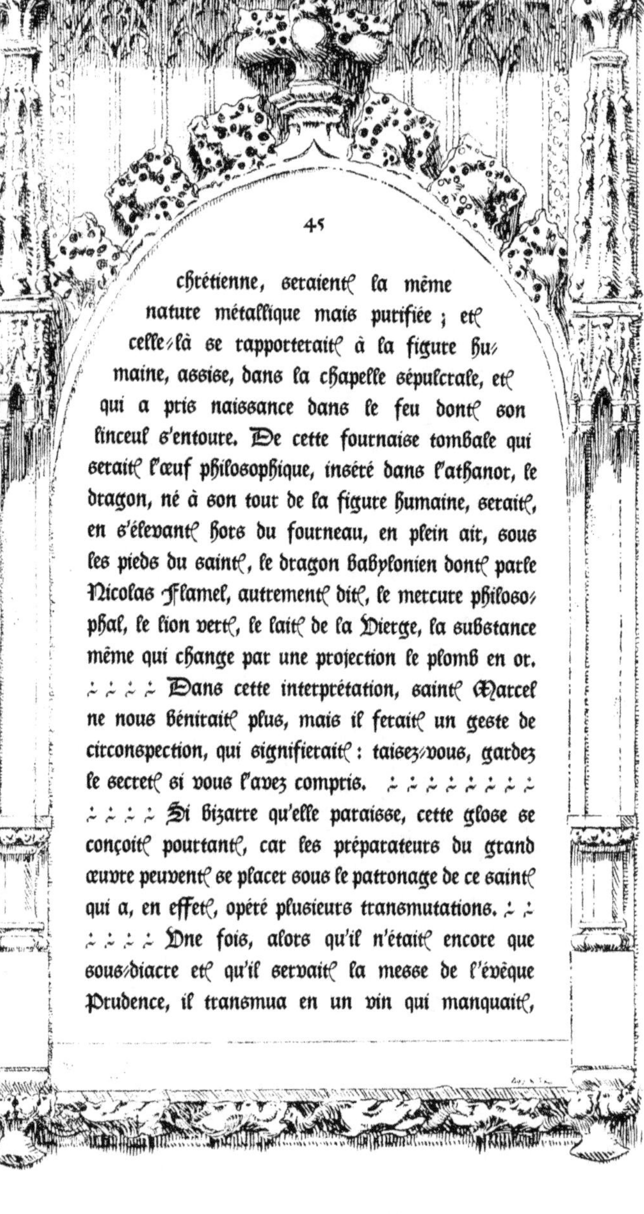

45

chrétienne, seraient la même
nature métallique mais purifiée ; et
celle-là se rapporterait à la figure humaine, assise, dans la chapelle sépulcrale, et
qui a pris naissance dans le feu dont son
linceul s'entoure. De cette fournaise tombale qui
serait l'œuf philosophique, inséré dans l'athanor, le
dragon, né à son tour de la figure humaine, serait,
en s'élevant hors du fourneau, en plein air, sous
les pieds du saint, le dragon babylonien dont parle
Nicolas Flamel, autrement dit, le mercure philoso-
phal, le lion vert, le lait de la Vierge, la substance
même qui change par une projection le plomb en or.
꠵ ꠵ ꠵ ꠵ Dans cette interprétation, saint Marcel
ne nous bénirait plus, mais il ferait un geste de
circonspection, qui signifierait : taisez-vous, gardez
le secret si vous l'avez compris. ꠵ ꠵ ꠵ ꠵ ꠵ ꠵ ꠵
꠵ ꠵ ꠵ Si bizarre qu'elle paraisse, cette glose se
conçoit pourtant, car les préparateurs du grand
œuvre peuvent se placer sous le patronage de ce saint
qui a, en effet, opéré plusieurs transmutations. ꠵ ꠵
꠵ ꠵ ꠵ Une fois, alors qu'il n'était encore que
sous-diacre et qu'il servait la messe de l'évêque
Prudence, il transmua en un vin qui manquait,

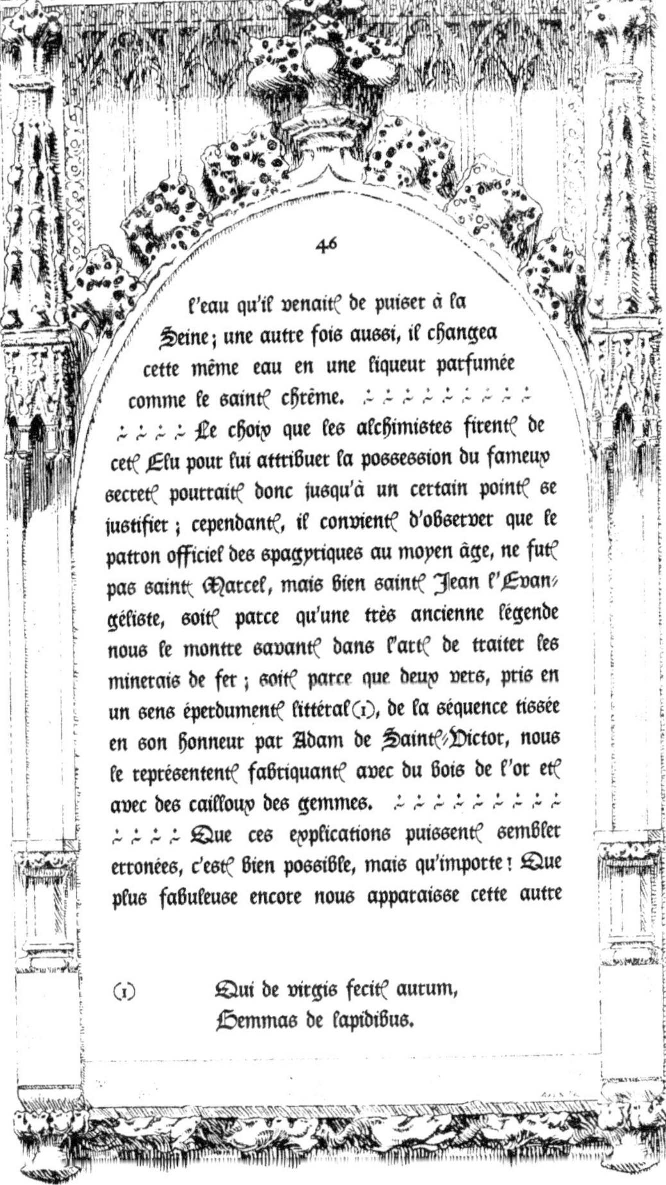

l'eau qu'il venait de puiser à la Seine; une autre fois aussi, il changea cette même eau en une liqueur parfumée comme le saint chrême. ～～～～～～～

～～～～ Le choix que les alchimistes firent de cet Élu pour lui attribuer la possession du fameux secret pourrait donc jusqu'à un certain point se justifier; cependant, il convient d'observer que le patron officiel des spagyriques au moyen âge, ne fut pas saint Marcel, mais bien saint Jean l'Évangéliste, soit parce qu'une très ancienne légende nous le montre savant dans l'art de traiter les minerais de fer; soit parce que deux vers, pris en un sens éperdument littéral (1), de la séquence tissée en son honneur par Adam de Saint-Victor, nous le représentent fabriquant avec du bois de l'or et avec des cailloux des gemmes. ～～～～～～～

～～～～ Que ces explications puissent sembler erronées, c'est bien possible, mais qu'importe! Que plus fabuleuse encore nous apparaisse cette autre

(1)   Qui de virgis fecit aurum,
Gemmas de lapidibus.

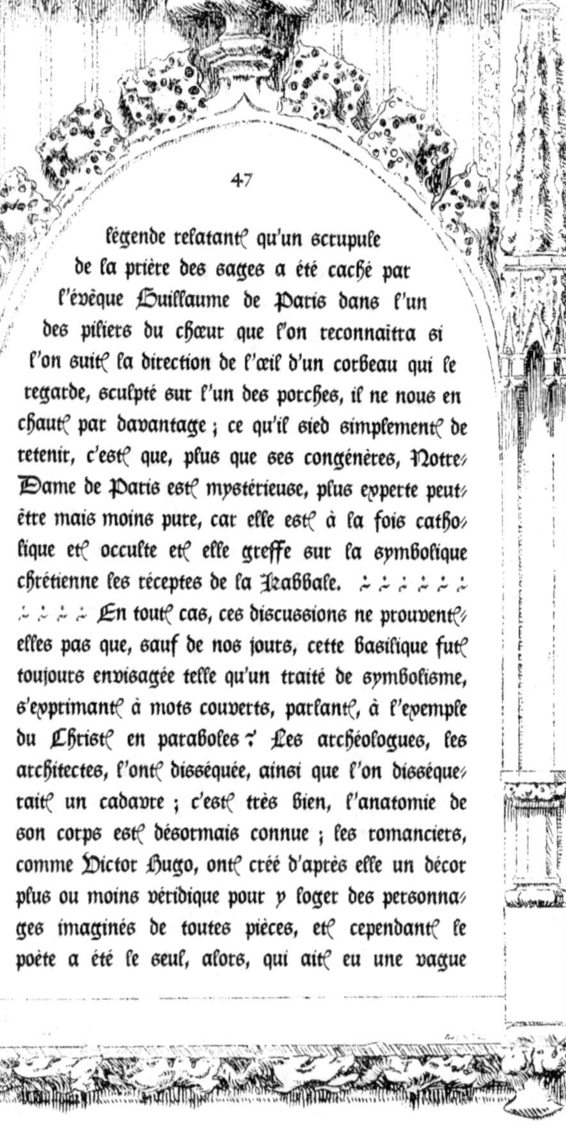

légende relatant qu'un scrupule
de la prière des sages a été caché par
l'évêque Guillaume de Paris dans l'un
des piliers du chœur que l'on reconnaîtra si
l'on suit la direction de l'œil d'un corbeau qui le
regarde, sculpté sur l'un des porches, il ne nous en
chaut par davantage ; ce qu'il sied simplement de
retenir, c'est que, plus que ses congénères, Notre-
Dame de Paris est mystérieuse, plus experte peut-
être mais moins pure, car elle est à la fois catholique et occulte et elle greffe sur la symbolique
chrétienne les réceptes de la Kabbale. ~ ~ ~ ~ ~
~ ~ ~ ~ En tout cas, ces discussions ne prouvent-
elles pas que, sauf de nos jours, cette basilique fut
toujours envisagée telle qu'un traité de symbolisme,
s'exprimant à mots couverts, parlant, à l'exemple
du Christ en paraboles ? Les archéologues, les
architectes, l'ont disséquée, ainsi que l'on dissèque-
rait un cadavre ; c'est très bien, l'anatomie de
son corps est désormais connue ; les romanciers,
comme Victor Hugo, ont créé d'après elle un décor
plus ou moins véridique pour y loger des personnages imaginés de toutes pièces, et cependant le
poète a été le seul, alors, qui ait eu une vague

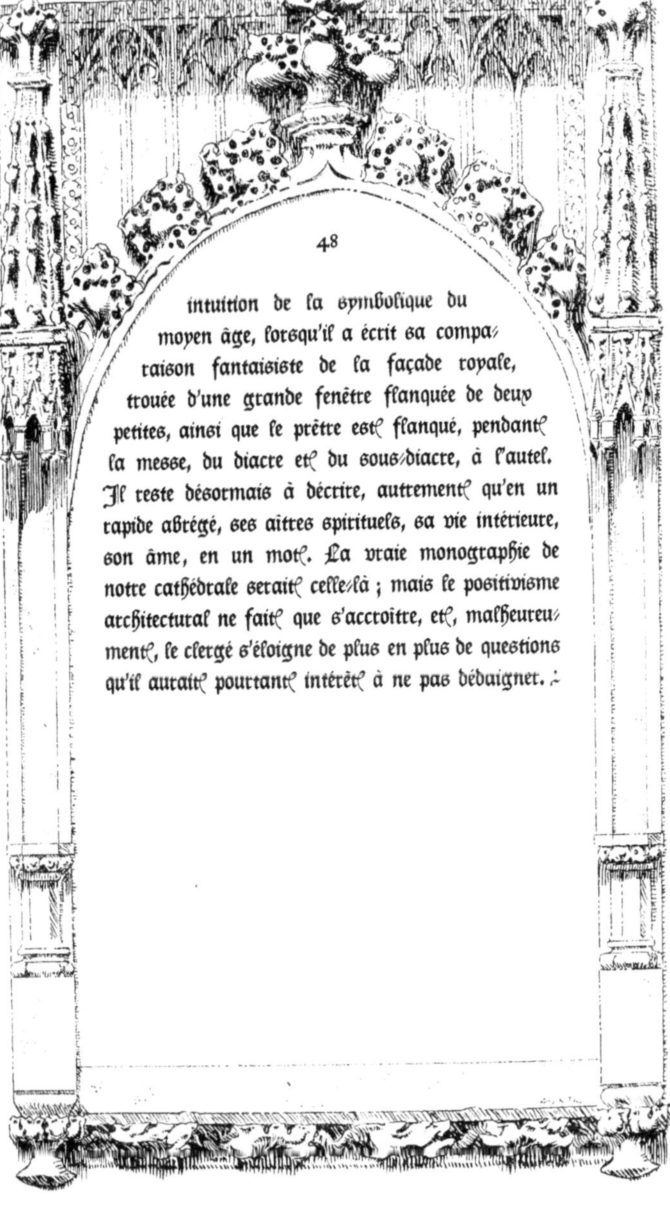

48

intuition de la symbolique du
moyen âge, lorsqu'il a écrit sa compa-
raison fantaisiste de la façade royale,
trouée d'une grande fenêtre flanquée de deux
petites, ainsi que le prêtre est flanqué, pendant
la messe, du diacre et du sous-diacre, à l'autel.
Il reste désormais à décrire, autrement qu'en un
rapide abrégé, ses aîtres spirituels, sa vie intérieure,
son âme, en un mot. La vraie monographie de
notre cathédrale serait celle-là ; mais le positivisme
architectural ne fait que s'accroître, et, malheureusement, le clergé s'éloigne de plus en plus de questions
qu'il aurait pourtant intérêt à ne pas dédaigner.

Saint-Germain-l'Auxerrois

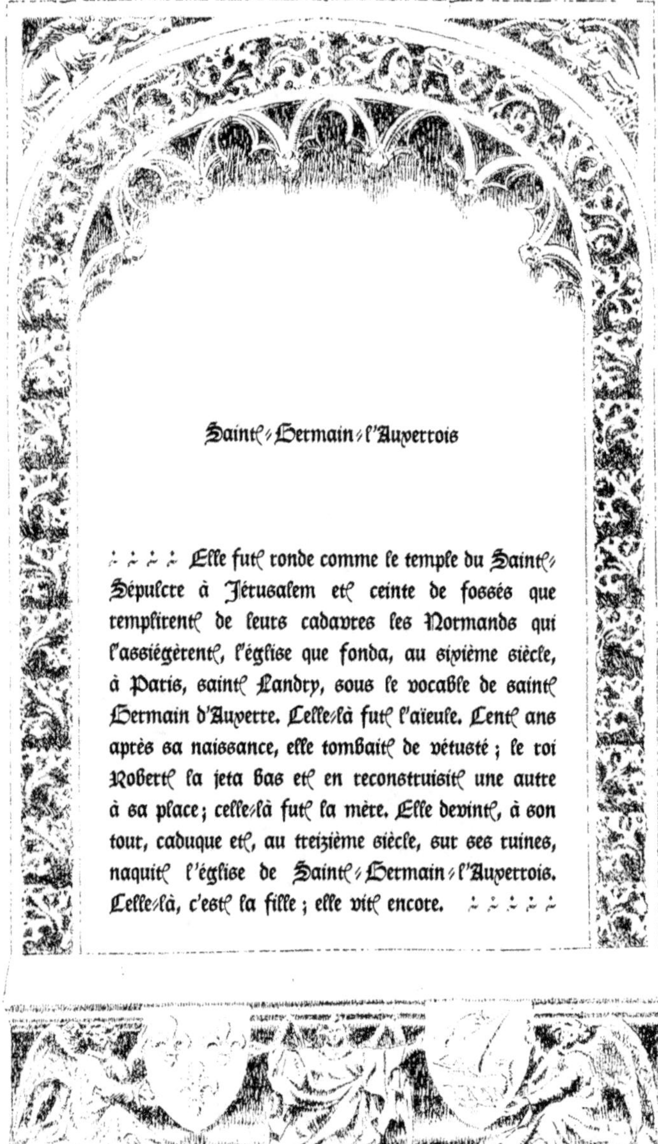

Elle fut ronde comme le temple du Saint-Sépulcre à Jérusalem et ceinte de fossés que remplirent de leurs cadavres les Normands qui l'assiégèrent, l'église que fonda, au sixième siècle, à Paris, saint Landry, sous le vocable de saint Germain d'Auxerre. Celle-là fut l'aïeule. Cent ans après sa naissance, elle tombait de vétusté ; le roi Robert la jeta bas et en reconstruisit une autre à sa place ; celle-là fut la mère. Elle devint, à son tour, caduque et, au treizième siècle, sur ses ruines, naquit l'église de Saint-Germain-l'Auxerrois. Celle-là, c'est la fille ; elle vit encore.

Son enfance fut troublée ; elle grandit rapidement d'abord, puis sa croissance s'arrêta pendant une centaine d'années et ne reprit qu'après. Le portail et le chœur étaient achevés à la fin du treizième siècle. Le quinzième érigea le porche, la nef, les collatéraux du chœur et le transept ; le seizième réédifia les chapelles, changea les dispositions du chevet, dressa le portail qui s'ouvre à gauche de l'abside sur la rue de l'Arbre-Sec, déroula devant l'autel un magnifique jubé, bâti par Pierre Lescot et sculpté par Jean Goujon ; et l'église, parvenue à sa pleine maturité, s'atteste, grâce au voisinage de la Cour, la plus fastueuse et la plus fréquentée de Paris.

Vint le dix-septième siècle qui, méprisant son allure gothique, omit de la dénaturer ; mais, moins dédaigneux, le dix-huitième, qui la jugeait de forme désuète, résolut de la rajeunir.

En 1754, le curé et les marguilliers commencèrent par faire démolir le jubé, mais cette

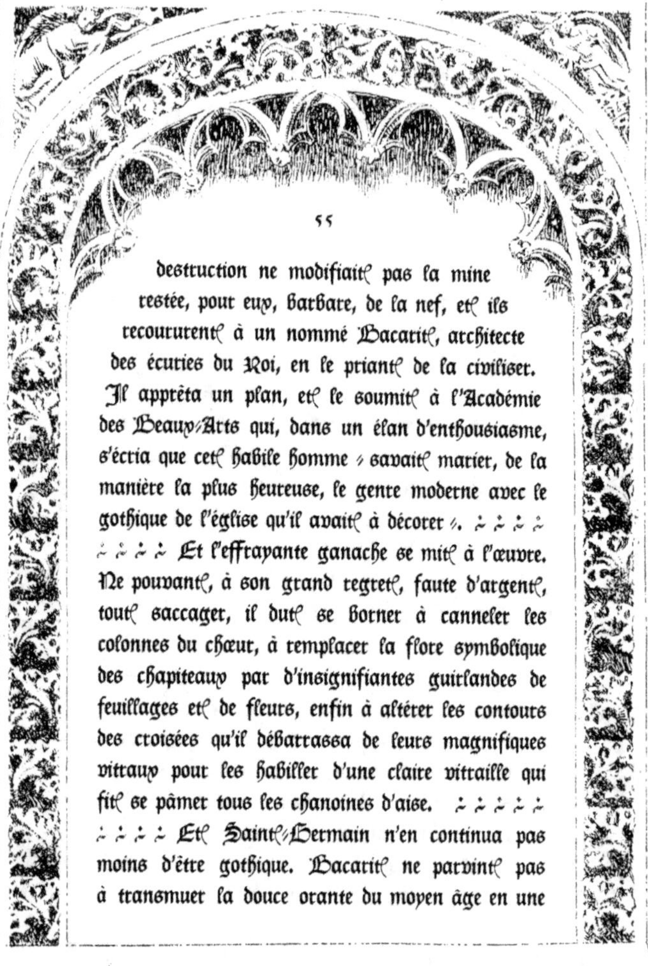

destruction ne modifiait pas la mine
restée, pour eux, barbare, de la nef, et ils
recoururent à un nommé Bacarit, architecte
des écuries du Roi, en le priant de la civiliser.
Il apprêta un plan, et le soumit à l'Académie
des Beaux-Arts qui, dans un élan d'enthousiasme,
s'écria que cet habile homme ◦ savait marier, de la
manière la plus heureuse, le gente moderne avec le
gothique de l'église qu'il avait à décorer ◦. ◦ ◦ ◦ ◦
◦ ◦ ◦ ◦ Et l'effrayante ganache se mit à l'œuvre.
Ne pouvant, à son grand regret, faute d'argent,
tout saccager, il dut se borner à canneler les
colonnes du chœur, à remplacer la flore symbolique
des chapiteaux par d'insignifiantes guirlandes de
feuillages et de fleurs, enfin à altérer les contours
des croisées qu'il débarrassa de leurs magnifiques
vitraux pour les habiller d'une claire vitraille qui
fit se pâmer tous les chanoines d'aise. ◦ ◦ ◦ ◦
◦ ◦ ◦ Et Saint-Germain n'en continua pas
moins d'être gothique. Bacarit ne parvint pas
à transmuer la douce orante du moyen âge en une

Manon plus ou moins pieuse ; les
traits reparaissaient sous le grimage ; ne
pouvant obtenir mieux il songea à esquinter
l'extérieur et il abattit la flèche et ses quatre
clochetons et installa sur le tronçon demeuré du
fût, une balustrade de pierre qui donna au sommet
de la tour l'engageant aspect d'un balcon ; puis,
après un tel labeur, il se reposa et s'éteignit sans
doute, chargé d'ans et de gloire, dans la paix du
Seigneur, qu'il avait, avec des travaux de ce genre,
si fidèlement servi. ~ ~ ~ ~ ~ ~ ~ ~ ~ ~ ~ ~ ~ ~
~ ~ ~ ~ Débarrassé de son bourreau, Saint-
Germain-l'Auxerrois vivait placidement quand la
Révolution surgit. Alors ce fut autre chose. On ne
l'affubla plus de travestis plus ou moins disparates,
mais on la dénuda. Ce fut le pillage ; ce après
quoi le sanctuaire fut fermé ; l'on installa dans ses
dépendances une mairie et l'on usa de sa nef
comme d'un hangar pour y gonfler des ballons. Il
semblait que la série des déprédations fût close
lorsque s'effondra le régime des Jacobins ; mais

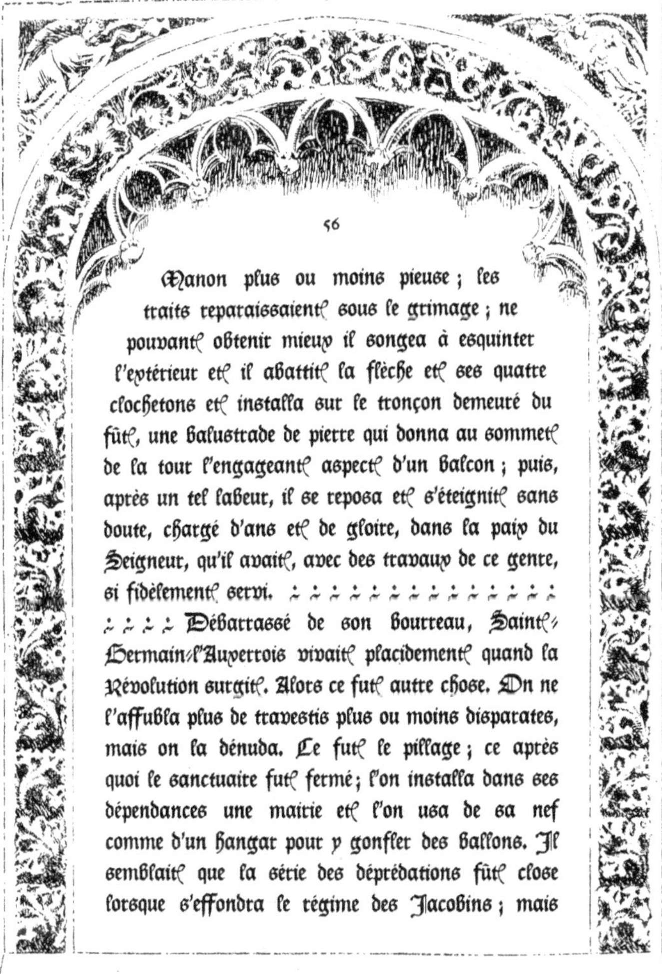

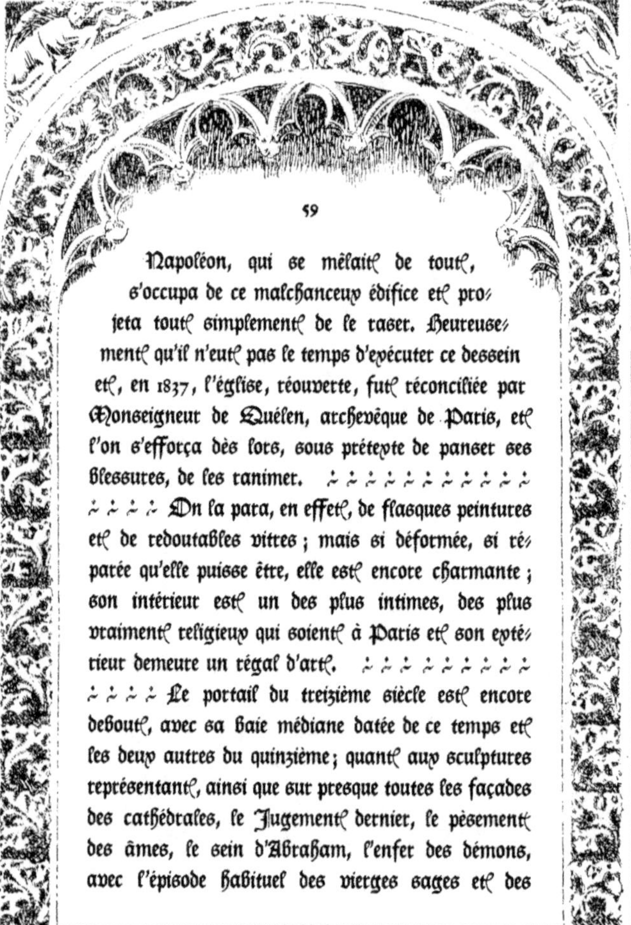

Napoléon, qui se mêlait de tout, s'occupa de ce malchanceux édifice et projeta tout simplement de le raser. Heureusement qu'il n'eut pas le temps d'exécuter ce dessein et, en 1837, l'église, réouverte, fut réconciliée par Monseigneur de Quélen, archevêque de Paris, et l'on s'efforça dès lors, sous prétexte de panser ses blessures, de les ranimer.

On la para, en effet, de flasques peintures et de redoutables vitres ; mais si déformée, si réparée qu'elle puisse être, elle est encore charmante ; son intérieur est un des plus intimes, des plus vraiment religieux qui soient à Paris et son extérieur demeure un régal d'art.

Le portail du treizième siècle est encore debout, avec sa baie médiane datée de ce temps et les deux autres du quinzième ; quant aux sculptures représentant, ainsi que sur presque toutes les façades des cathédrales, le Jugement dernier, le pèsement des âmes, le sein d'Abraham, l'enfer des démons, avec l'épisode habituel des vierges sages et des

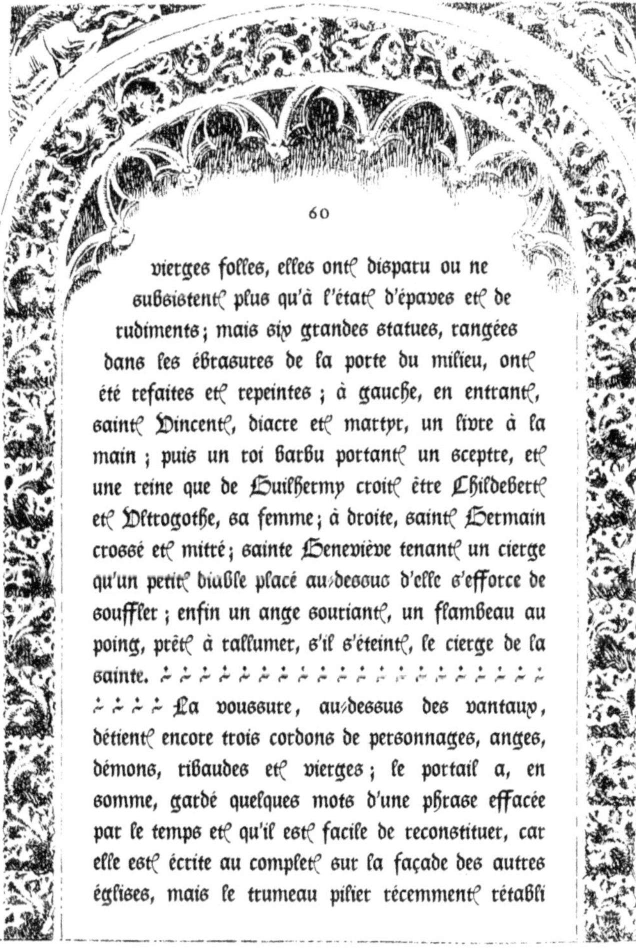

vierges folles, elles ont disparu ou ne
subsistent plus qu'à l'état d'épaves et de
rudiments ; mais six grandes statues, rangées
dans les ébrasures de la porte du milieu, ont
été refaites et repeintes ; à gauche, en entrant,
saint Vincent, diacre et martyr, un livre à la
main ; puis un roi barbu portant un sceptre, et
une reine que de Guilhermy croit être Childebert
et Ultrogothe, sa femme ; à droite, saint Germain
crossé et mitré ; sainte Geneviève tenant un cierge
qu'un petit diable placé au-dessous d'elle s'efforce de
souffler ; enfin un ange souriant, un flambeau au
poing, prêt à rallumer, s'il s'éteint, le cierge de la
sainte. La voussure, au-dessus des vantaux,
détient encore trois cordons de personnages, anges,
démons, ribaudes et vierges ; le portail a, en
somme, gardé quelques mots d'une phrase effacée
par le temps et qu'il est facile de reconstituer, car
elle est écrite au complet sur la façade des autres
églises, mais le trumeau pilier récemment rétabli

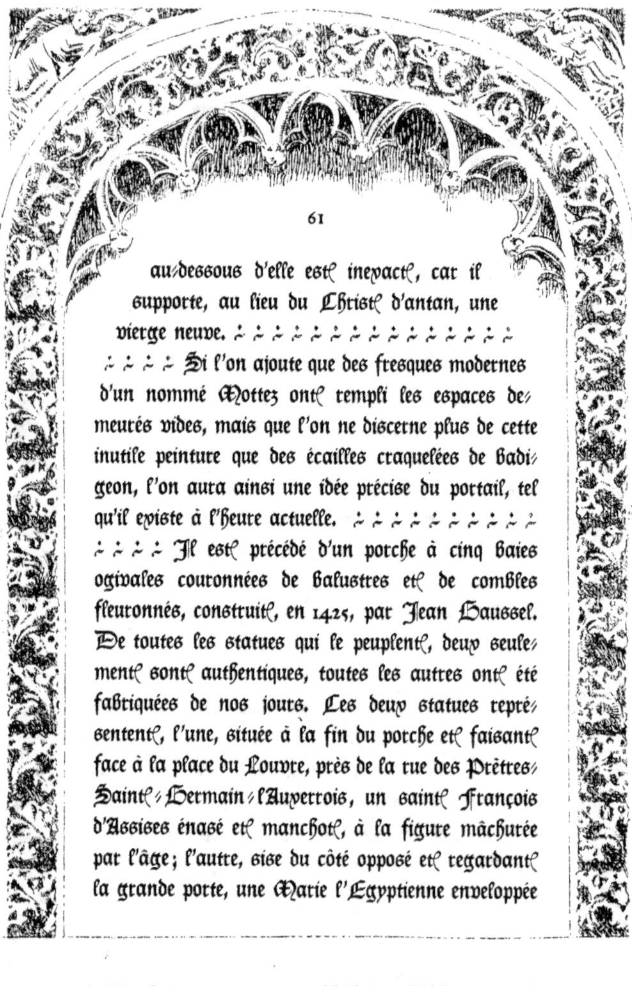

au-dessous d'elle est inexact, car il supporte, au lieu du Christ d'antan, une vierge neuve. ~ ~ ~ ~ ~ ~ ~ ~ ~ ~ ~ ~ ~

~ ~ ~ ~ Si l'on ajoute que des fresques modernes d'un nommé Mottez ont rempli les espaces de-meurés vides, mais que l'on ne discerne plus de cette inutile peinture que des écailles craquelées de badi-geon, l'on aura ainsi une idée précise du portail, tel qu'il existe à l'heure actuelle. ~ ~ ~ ~ ~ ~ ~ ~ ~

~ ~ ~ ~ Il est précédé d'un porche à cinq baies ogivales couronnées de balustres et de combles fleuronnés, construit, en 1425, par Jean Haussel. De toutes les statues qui le peuplent, deux seule-ment sont authentiques, toutes les autres ont été fabriquées de nos jours. Ces deux statues repré-sentent, l'une, située à la fin du porche et faisant face à la place du Louvre, près de la rue des Prêtres-Saint-Germain-l'Auxerrois, un saint François d'Assises énasé et manchot, à la figure mâchurée par l'âge; l'autre, sise du côté opposé et regardant la grande porte, une Marie l'Egyptienne enveloppée

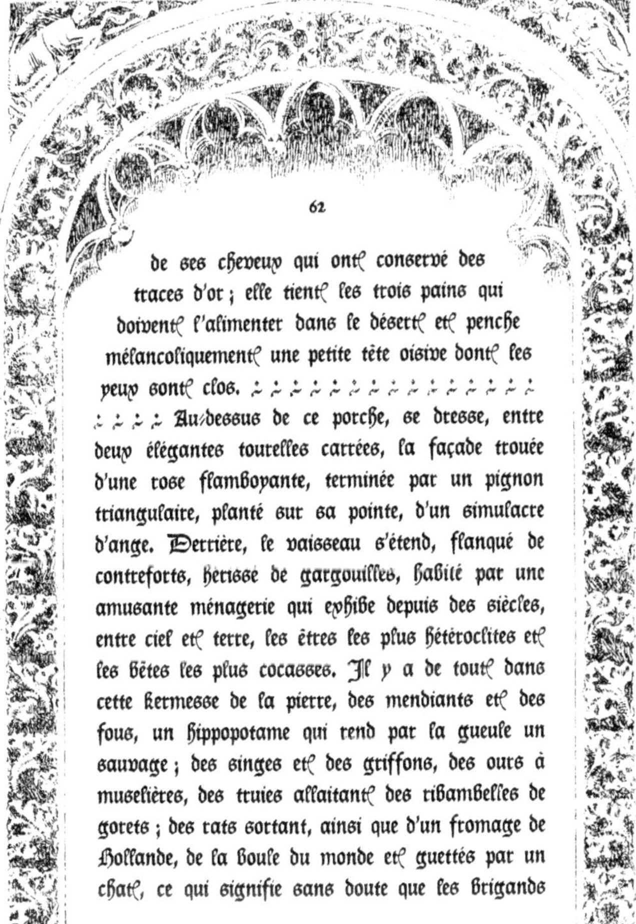

de ses cheveux qui ont conservé des
traces d'or ; elle tient les trois pains qui
doivent l'alimenter dans le désert et penche
mélancoliquement une petite tête oisive dont les
yeux sont clos. ꞏ ꞏ ꞏ ꞏ ꞏ ꞏ ꞏ ꞏ ꞏ ꞏ ꞏ ꞏ ꞏ ꞏ ꞏ
ꞏ ꞏ ꞏ Au-dessus de ce porche, se dresse, entre
deux élégantes tourelles carrées, la façade trouée
d'une rose flamboyante, terminée par un pignon
triangulaire, planté sur sa pointe, d'un simulacre
d'ange. Derrière, le vaisseau s'étend, flanqué de
contreforts, hérissé de gargouilles, habité par une
amusante ménagerie qui exhibe depuis des siècles,
entre ciel et terre, les êtres les plus hétéroclites et
les bêtes les plus cocasses. Il y a de tout dans
cette kermesse de la pierre, des mendiants et des
fous, un hippopotame qui rend par la gueule un
sauvage ; des singes et des griffons, des ours à
muselières, des truies allaitant des ribambelles de
gorets ; des rats sortant, ainsi que d'un fromage de
Hollande, de la boule du monde et guettés par un
chat, ce qui signifie sans doute que les brigands

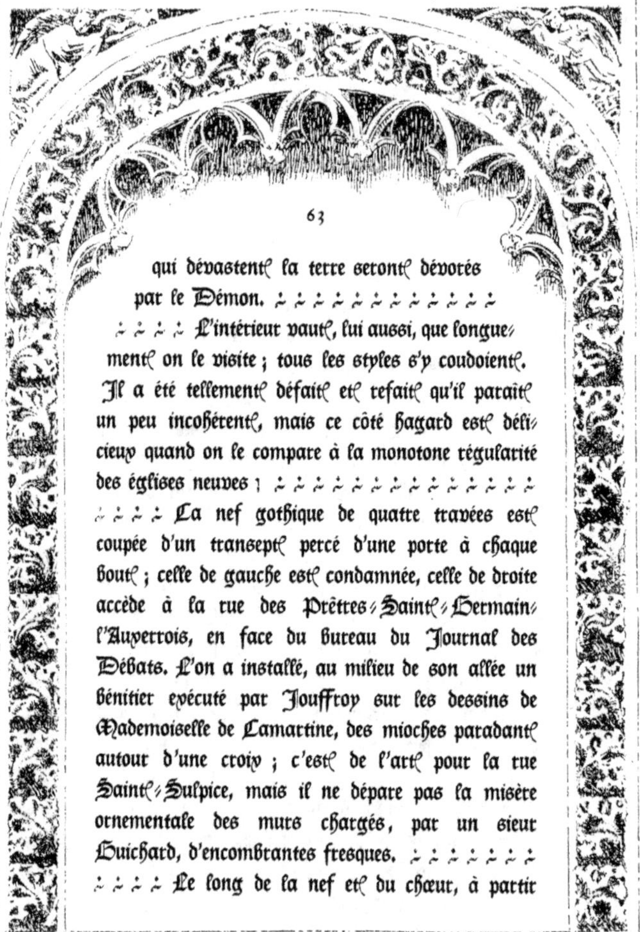

qui dévastent la terre seront dévorés par le Démon.

L'intérieur vaut, lui aussi, que longuement on le visite ; tous les styles s'y coudoient. Il a été tellement défait et refait qu'il paraît un peu incohérent, mais ce côté hagard est délicieux quand on le compare à la monotone régularité des églises neuves !

La nef gothique de quatre travées est coupée d'un transept percé d'une porte à chaque bout ; celle de gauche est condamnée, celle de droite accède à la rue des Prêtres-Saint-Germain-l'Auxerrois, en face du bureau du Journal des Débats. L'on a installé, au milieu de son allée un bénitier exécuté par Jouffroy sur les dessins de Mademoiselle de Lamartine, des mioches paradant autour d'une croix ; c'est de l'art pour la rue Saint-Sulpice, mais il ne dépare pas la misère ornementale des murs chargés, par un sieur Guichard, d'encombrantes fresques.

Le long de la nef et du chœur, à partir

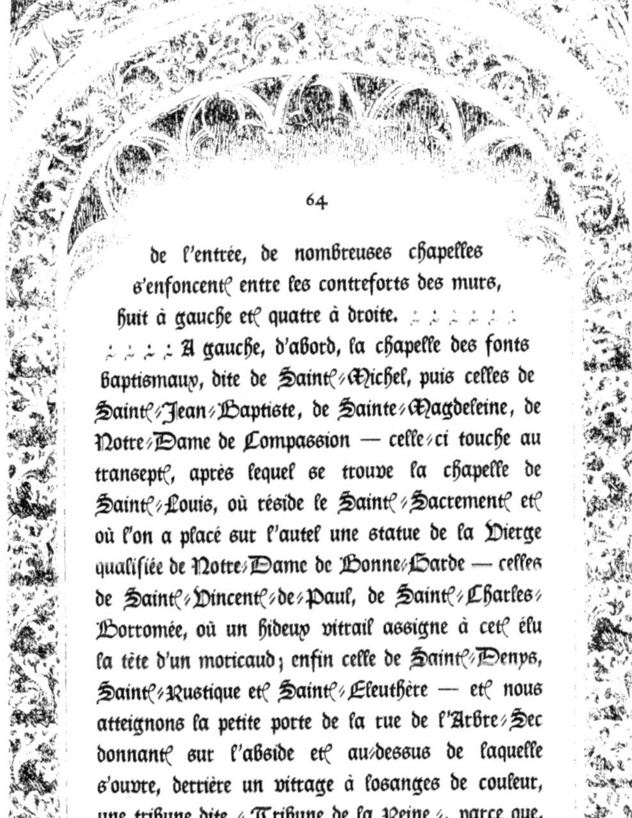

de l'entrée, de nombreuses chapelles s'enfoncent entre les contreforts des murs, huit à gauche et quatre à droite. . . . . . .

. . . . A gauche, d'abord, la chapelle des fonts baptismaux, dite de Saint-Michel, puis celles de Saint-Jean-Baptiste, de Sainte-Magdeleine, de Notre-Dame de Compassion — celle-ci touche au transept, après lequel se trouve la chapelle de Saint-Louis, où réside le Saint-Sacrement et où l'on a placé sur l'autel une statue de la Vierge qualifiée de Notre-Dame de Bonne-Garde — celles de Saint-Vincent-de-Paul, de Saint-Charles-Borromée, où un hideux vitrail assigne à cet élu la tête d'un moricaud; enfin celle de Saint-Denys, Saint-Rustique et Saint-Éleuthère — et nous atteignons la petite porte de la rue de l'Arbre-Sec donnant sur l'abside et au-dessus de laquelle s'ouvre, derrière un vitrage à losanges de couleur, une tribune dite « Tribune de la Reine », parce que, prétend-on, la famille royale s'y serait quelquefois tenue pendant la messe. . . . .

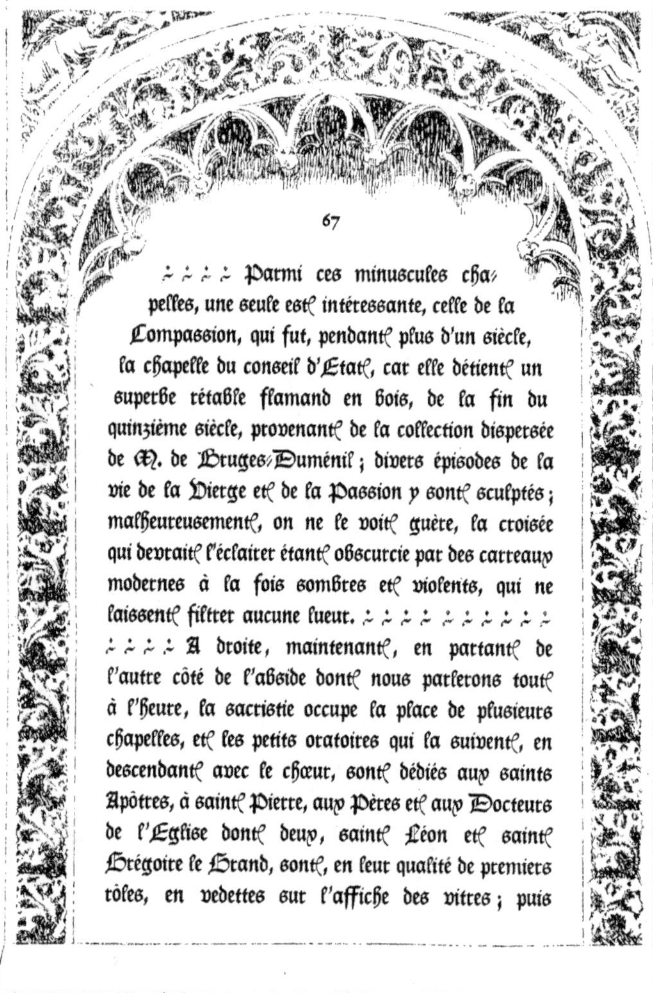

⁘ Parmi ces minuscules cha-
pelles, une seule est intéressante, celle de la
Compassion, qui fut, pendant plus d'un siècle,
la chapelle du conseil d'État, car elle détient un
superbe rétable flamand en bois, de la fin du
quinzième siècle, provenant de la collection dispersée
de M. de Bruges-Duménil ; divers épisodes de la
vie de la Vierge et de la Passion y sont sculptés ;
malheureusement, on ne le voit guère, la croisée
qui devrait l'éclairer étant obscurcie par des carreaux
modernes à la fois sombres et violents, qui ne
laissent filtrer aucune lueur. ⁘

⁘ A droite, maintenant, en partant de
l'autre côté de l'abside dont nous parlerons tout
à l'heure, la sacristie occupe la place de plusieurs
chapelles, et les petits oratoires qui la suivent, en
descendant avec le chœur, sont dédiés aux saints
Apôtres, à saint Pierre, aux Pères et aux Docteurs
de l'Église dont deux, saint Léon et saint
Grégoire le Grand, sont, en leur qualité de premiers
rôles, en vedettes sur l'affiche des vitres ; puis

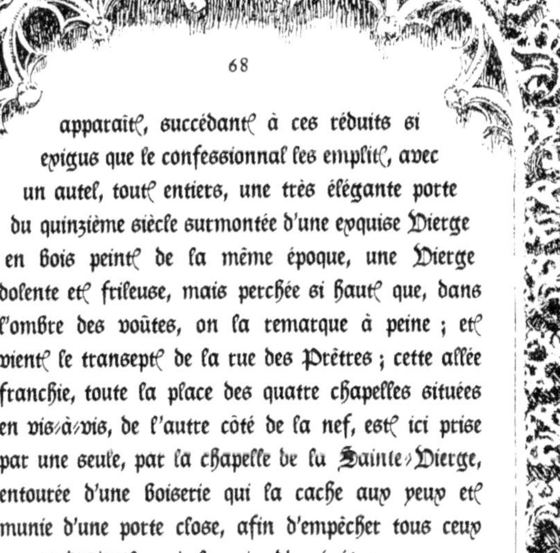

apparaît, succédant à ces réduits si
exigus que le confessionnal les emplit, avec
un autel, tout entiers, une très élégante porte
du quinzième siècle surmontée d'une exquise Vierge
en bois peint de la même époque, une Vierge
dolente et frileuse, mais perchée si haut que, dans
l'ombre des voûtes, on la remarque à peine ; et
vient le transept de la rue des Prêtres ; cette allée
franchie, toute la place des quatre chapelles situées
en vis-à-vis, de l'autre côté de la nef, est ici prise
par une seule, par la chapelle de la Sainte-Vierge,
entourée d'une boiserie qui la cache aux yeux et
munie d'une porte close, afin d'empêcher tous ceux
qui voudraient venir la prier d'y pénétrer.   Une église où la chapelle de la Vierge
n'est pas accessible aux fidèles, c'est un comble !
Que penser des curés qui mettent ainsi dans leur
église une madone au rancart ? La raison invoquée
de ce monstrueux interdit est que ce lieu sert
parfois de chapelle pour les catéchismes. Eh ! qu'ils
le fassent, leur catéchisme, dans les greniers, dans

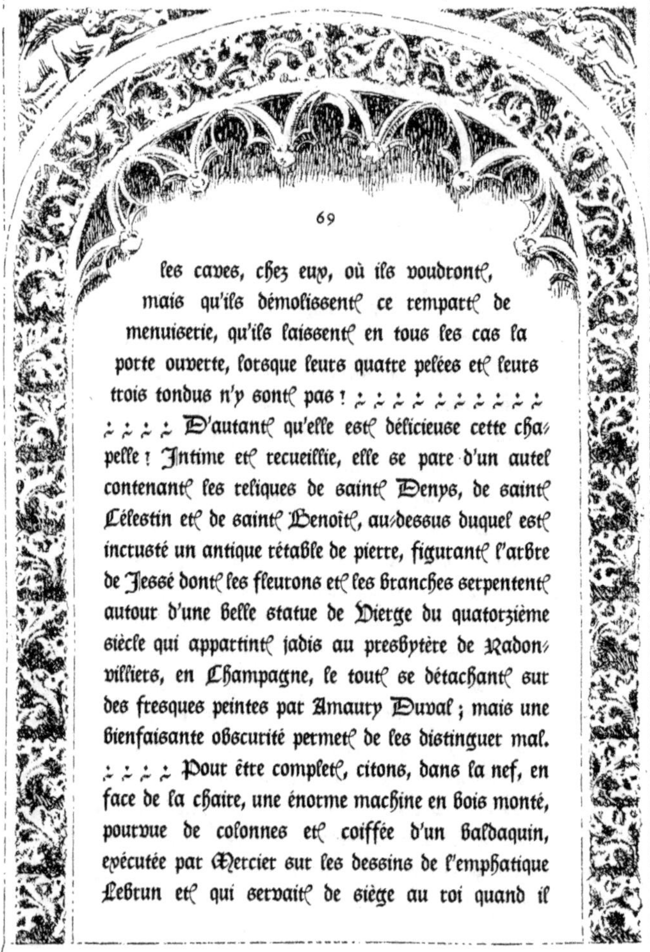

les caves, chez eux, où ils voudront,
mais qu'ils démolissent ce rempart de
menuiserie, qu'ils laissent en tous les cas la
porte ouverte, lorsque leurs quatre pelées et leurs
trois tondus n'y sont pas ! ⁓ ⁓ ⁓ ⁓ ⁓ ⁓ ⁓ ⁓
⁓ ⁓ ⁓ D'autant qu'elle est délicieuse cette cha‑
pelle ! Intime et recueillie, elle se pare d'un autel
contenant les reliques de saint Denys, de saint
Célestin et de saint Benoît, au‑dessus duquel est
incrusté un antique rétable de pierre, figurant l'arbre
de Jessé dont les fleurons et les branches serpentent
autour d'une belle statue de Vierge du quatorzième
siècle qui appartint jadis au presbytère de Radon‑
villiers, en Champagne, le tout se détachant sur
des fresques peintes par Amaury Duval ; mais une
bienfaisante obscurité permet de les distinguer mal.
⁓ ⁓ ⁓ ⁓ Pour être complet, citons, dans la nef, en
face de la chaire, une énorme machine en bois monté,
pourvue de colonnes et coiffée d'un baldaquin,
exécutée par Mercier sur les dessins de l'emphatique
Lebrun et qui servait de siège au roi quand il

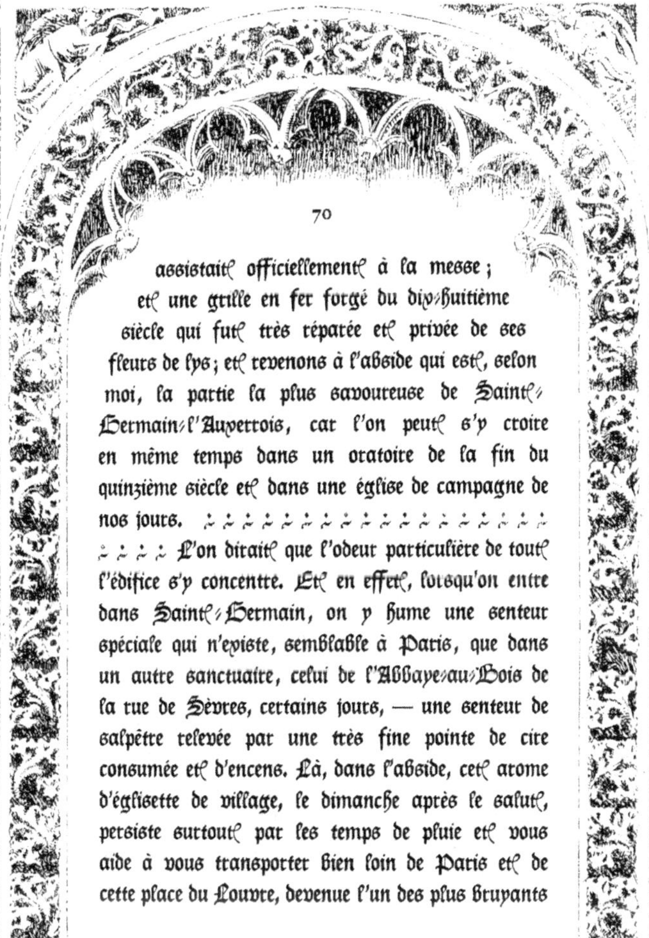

assistait officiellement à la messe ;
et une grille en fer forgé du dix-huitième
siècle qui fut très réparée et privée de ses
fleurs de lys ; et revenons à l'abside qui est, selon
moi, la partie la plus savoureuse de Saint-
Germain-l'Auxerrois, car l'on peut s'y croire
en même temps dans un oratoire de la fin du
quinzième siècle et dans une église de campagne de
nos jours.   L'on dirait que l'odeur particulière de tout
l'édifice s'y concentre. Et en effet, lorsqu'on entre
dans Saint-Germain, on y hume une senteur
spéciale qui n'existe, semblable à Paris, que dans
un autre sanctuaire, celui de l'Abbaye-au-Bois de
la rue de Sèvres, certains jours, — une senteur de
salpêtre relevée par une très fine pointe de cire
consumée et d'encens. Là, dans l'abside, cet atome
d'églisette de village, le dimanche après le salut,
persiste surtout par les temps de pluie et vous
aide à vous transporter bien loin de Paris et de
cette place du Louvre, devenue l'un des plus bruyants

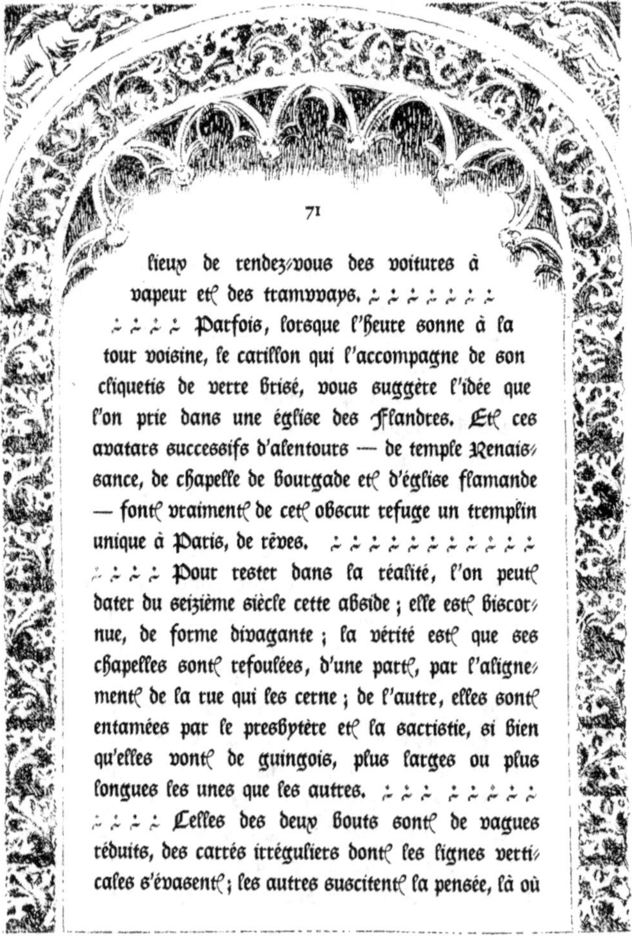

lieux de rendez-vous des voitures à
vapeur et des tramways.

Parfois, lorsque l'heure sonne à la
tour voisine, le carillon qui l'accompagne de son
cliquetis de verre brisé, vous suggère l'idée que
l'on prie dans une église des Flandres. Et ces
avatars successifs d'alentours — de temple Renaissance, de chapelle de bourgade et d'église flamande
— font vraiment de cet obscur refuge un tremplin
unique à Paris, de rêves.

Pour rester dans la réalité, l'on peut
dater du seizième siècle cette abside ; elle est biscor-
nue, de forme divagante ; la vérité est que ses
chapelles sont refoulées, d'une part, par l'alignement de la rue qui les cerne ; de l'autre, elles sont
entamées par le presbytère et la sacristie, si bien
qu'elles vont de guingois, plus larges ou plus
longues les unes que les autres.

Celles des deux bouts sont de vagues
réduits, des carrés irréguliers dont les lignes verti-
cales s'évasent ; les autres suscitent la pensée, là où

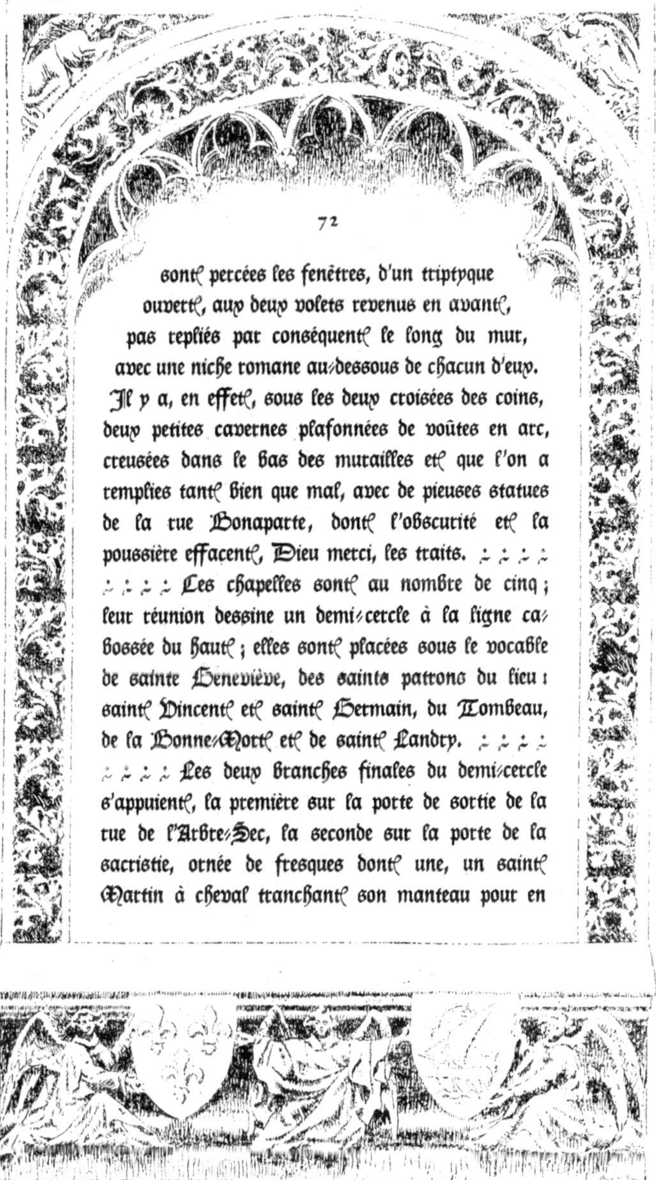

sont percées les fenêtres, d'un triptyque
ouvert, aux deux volets revenus en avant,
pas repliés par conséquent le long du mur,
avec une niche romane au-dessous de chacun d'eux.
Il y a, en effet, sous les deux croisées des coins,
deux petites cavernes plafonnées de voûtes en arc,
creusées dans le bas des murailles et que l'on a
remplies tant bien que mal, avec de pieuses statues
de la rue Bonaparte, dont l'obscurité et la
poussière effacent, Dieu merci, les traits. . . . .
. . . . Les chapelles sont au nombre de cinq;
leur réunion dessine un demi-cercle à la ligne ca-
bossée du haut; elles sont placées sous le vocable
de sainte Geneviève, des saints patrons du lieu:
saint Vincent et saint Germain, du Tombeau,
de la Bonne-Mort et de saint Landry. . . . .
. . . . Les deux branches finales du demi-cercle
s'appuient, la première sur la porte de sortie de la
rue de l'Arbre-Sec, la seconde sur la porte de la
sacristie, ornée de fresques dont une, un saint
Martin à cheval tranchant son manteau pour en

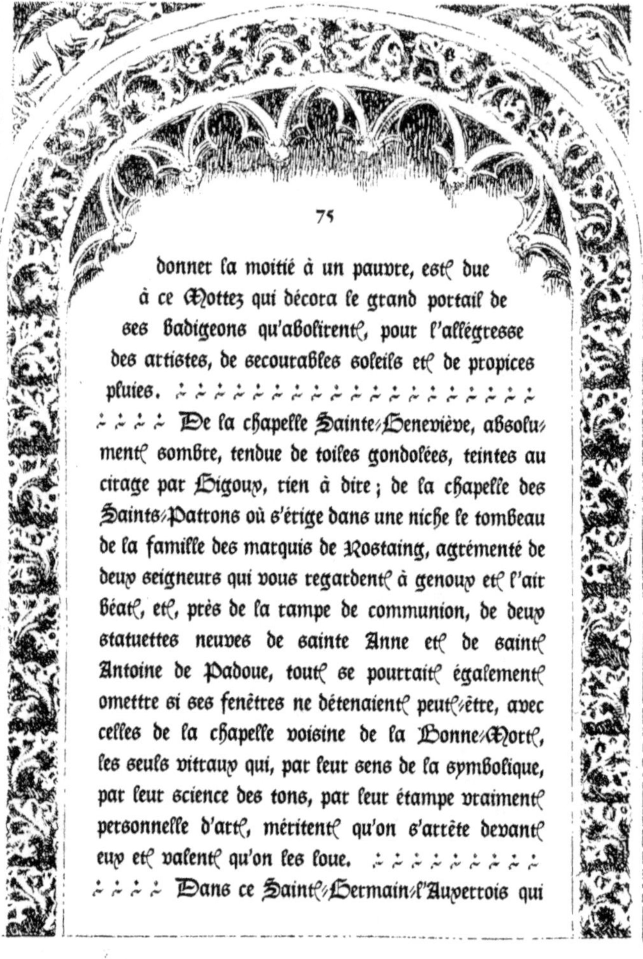

donner la moitié à un pauvre, est due
à ce Mottez qui décora le grand portail de
ses badigeons qu'abolirent, pour l'allégresse
des artistes, de secourables soleils et de propices
pluies. ⁂⁂⁂⁂⁂⁂⁂⁂⁂⁂⁂⁂⁂⁂
⁂⁂⁂⁂ De la chapelle Sainte-Geneviève, absolu-
ment sombre, tendue de toiles gondolées, teintes au
cirage par Gigoux, rien à dire ; de la chapelle des
Saints-Patrons où s'érige dans une niche le tombeau
de la famille des marquis de Rostaing, agrémenté de
deux seigneurs qui vous regardent à genoux et l'air
béat, et, près de la rampe de communion, de deux
statuettes neuves de sainte Anne et de saint
Antoine de Padoue, tout se pourrait également
omettre si ses fenêtres ne détenaient peut-être, avec
celles de la chapelle voisine de la Bonne-Mort,
les seuls vitraux qui, par leur sens de la symbolique,
par leur science des tons, par leur étampe vraiment
personnelle d'art, méritent qu'on s'arrête devant
eux et valent qu'on les loue. ⁂⁂⁂⁂⁂⁂⁂
⁂⁂⁂⁂ Dans ce Saint-Germain-l'Auxerrois qui

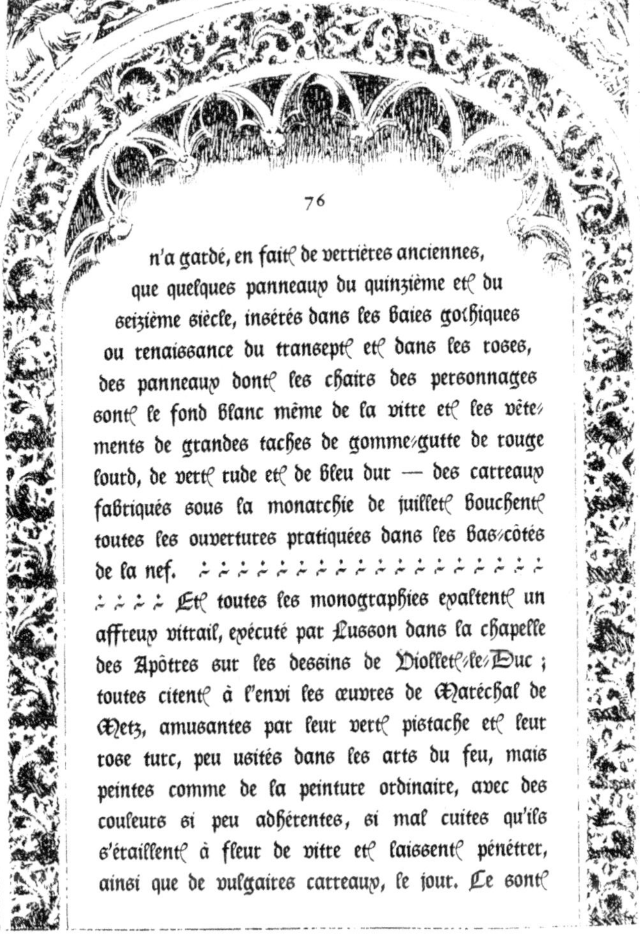

n'a gardé, en fait de verrières anciennes,
que quelques panneaux du quinzième et du
seizième siècle, insérés dans les baies gothiques
ou renaissance du transept et dans les roses,
des panneaux dont les chairs des personnages
sont le fond blanc même de la vitre et les vêtements de grandes taches de gomme-gutte de rouge
sourd, de vert rude et de bleu dur — des carreaux
fabriqués sous la monarchie de juillet bouchent
toutes les ouvertures pratiquées dans les bas-côtés
de la nef. : : : : : : : : : : : : : : : :
: : : : Et toutes les monographies exaltent un
affreux vitrail, exécuté par Lusson dans la chapelle
des Apôtres sur les dessins de Viollet-le-Duc ;
toutes citent à l'envi les œuvres de Maréchal de
Metz, amusantes par leur vert pistache et leur
rose turc, peu usités dans les arts du feu, mais
peintes comme de la peinture ordinaire, avec des
couleurs si peu adhérentes, si mal cuites qu'ils
s'étaillent à fleur de vitre et laissent pénétrer,
ainsi que de vulgaires carreaux, le jour. Ce sont

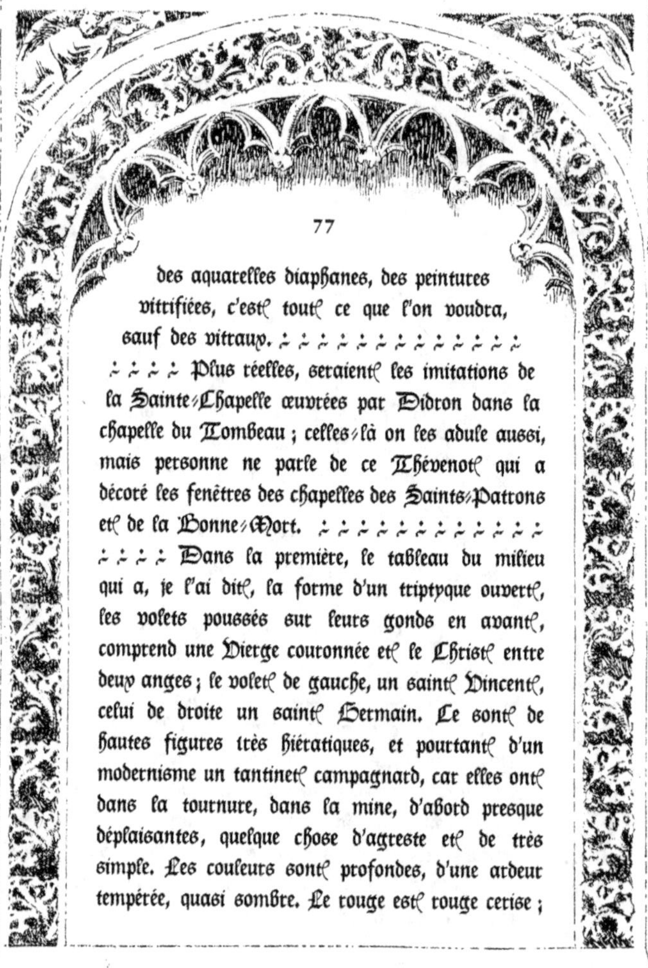

des aquarelles diaphanes, des peintures vitrifiées, c'est tout ce que l'on voudra, sauf des vitraux. ~ ~ ~ ~ ~ ~ ~ ~ ~ ~ ~ ~ ~ ~ ~ ~ Plus réelles, seraient les imitations de la Sainte-Chapelle œuvrées par Didron dans la chapelle du Tombeau ; celles-là on les adule aussi, mais personne ne parle de ce Thévenot qui a décoré les fenêtres des chapelles des Saints-Patrons et de la Bonne-Mort. ~ ~ ~ ~ ~ ~ ~ ~ ~ ~ ~ Dans la première, le tableau du milieu qui a, je l'ai dit, la forme d'un triptyque ouvert, les volets poussés sur leurs gonds en avant, comprend une Vierge couronnée et le Christ entre deux anges ; le volet de gauche, un saint Vincent, celui de droite un saint Germain. Ce sont de hautes figures très hiératiques, et pourtant d'un modernisme un tantinet campagnard, car elles ont dans la tournure, dans la mine, d'abord presque déplaisantes, quelque chose d'agreste et de très simple. Les couleurs sont profondes, d'une ardeur tempérée, quasi sombre. Le rouge est rouge cerise ;

les violets et les verts, très nourris
de bleu discret, sont graves ; les ors
sont saurés ; mais la plus belle teinte, en
dehors d'un chamois clair, est celle du manteau
de saint Germain, une teinte qui tient du brun
violi de la robe du carme et de ce brun rougeâtre
connu dans la céramique sous le nom de foie de
mulet ; il est à la fois somptueux et austère ; les
grands verriers du moyen âge n'ont pas fait mieux.
∴ Les mêmes couleurs, nous les retrouvons
dans la chapelle de la Bonne-Mort, mais là, en
plus de la personnalité singulière de ses figures,
Thévenot se décèle comme un homme très au
courant de cette vieille science de la symbolique
chrétienne, si parfaitement omise par les vitriers et
les architectes de nos jours. Il s'agissait d'historier
les lueurs qui doivent éclairer une chapelle funéraire
et il disposait, sur le panneau de face, de quatre
places et sur chacun des panneaux de côté, d'une ;
il a ordonnancé l'ensemble de la sorte : au milieu,
il a peint dans les quatre compartiments sur un

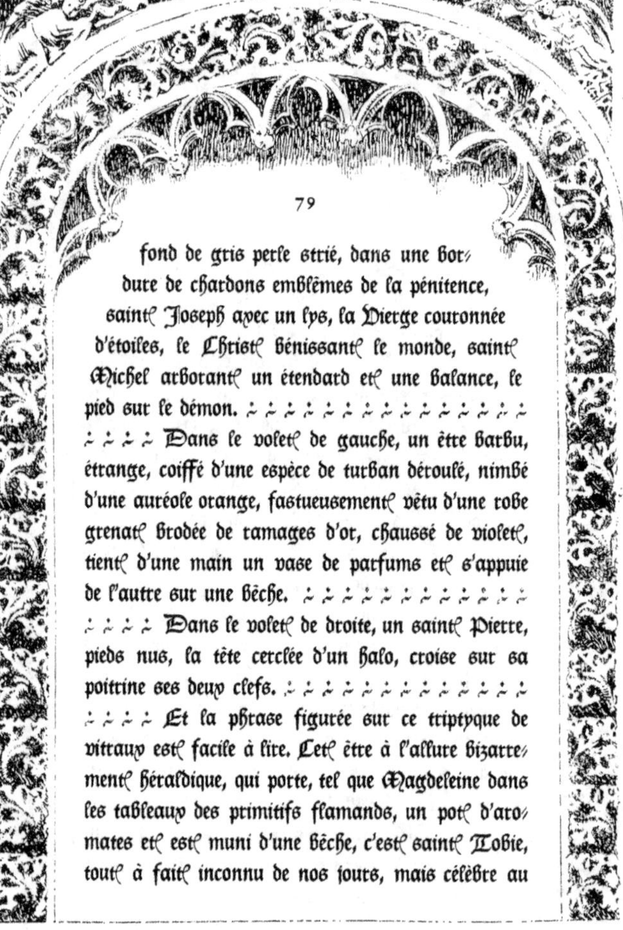

fond de gris perle strié, dans une bor=
dure de chardons emblêmes de la pénitence,
saint Joseph avec un lys, la Vierge couronnée
d'étoiles, le Christ bénissant le monde, saint
Michel arborant un étendard et une balance, le
pied sur le démon. ~ ~ ~ ~ ~ ~ ~ ~ ~ ~ ~ ~
~ ~ ~ Dans le volet de gauche, un être barbu,
étrange, coiffé d'une espèce de turban déroulé, nimbé
d'une auréole orange, fastueusement vêtu d'une robe
grenat brodée de ramages d'or, chaussé de violet,
tient d'une main un vase de parfums et s'appuie
de l'autre sur une bêche. ~ ~ ~ ~ ~ ~ ~ ~ ~ ~
~ ~ ~ Dans le volet de droite, un saint Pierre,
pieds nus, la tête cerclée d'un halo, croise sur sa
poitrine ses deux clefs. ~ ~ ~ ~ ~ ~ ~ ~ ~ ~ ~
~ ~ ~ Et la phrase figurée sur ce triptyque de
vitraux est facile à lire. Cet être à l'allure bizarre=
ment héraldique, qui porte, tel que Magdeleine dans
les tableaux des primitifs flamands, un pot d'aro=
mates et est muni d'une bêche, c'est saint Tobie,
tout à fait inconnu de nos jours, mais célèbre au

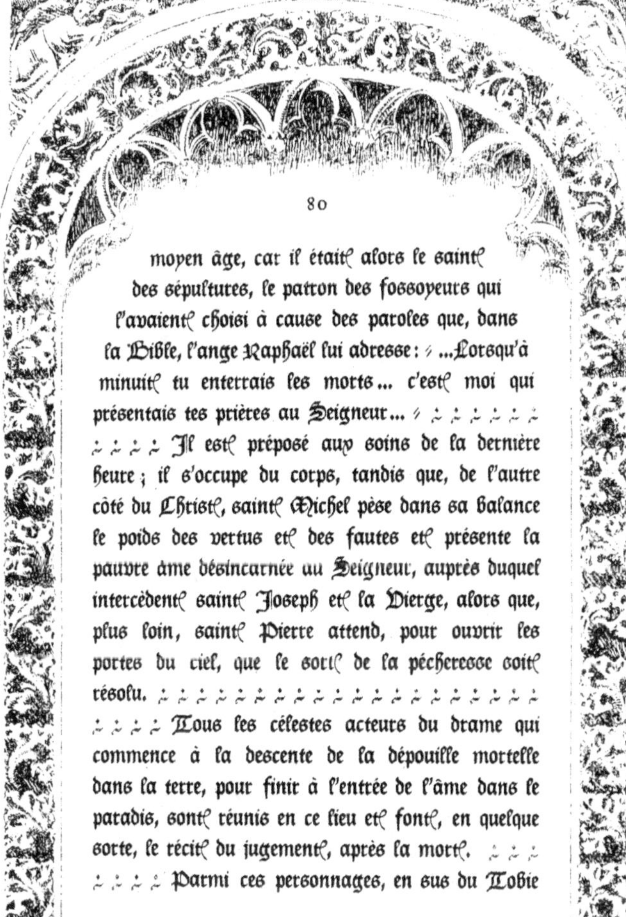

moyen âge, car il était alors le saint
des sépultures, le patron des fossoyeurs qui
l'avaient choisi à cause des paroles que, dans
la Bible, l'ange Raphaël lui adresse : « ...Lorsqu'à
minuit tu enterrais les morts... c'est moi qui
présentais tes prières au Seigneur... »

Il est préposé aux soins de la dernière
heure ; il s'occupe du corps, tandis que, de l'autre
côté du Christ, saint Michel pèse dans sa balance
le poids des vertus et des fautes et présente la
pauvre âme désincarnée au Seigneur, auprès duquel
intercèdent saint Joseph et la Vierge, alors que,
plus loin, saint Pierre attend, pour ouvrir les
portes du ciel, que le sort de la pécheresse soit
résolu.

Tous les célestes acteurs du drame qui
commence à la descente de la dépouille mortelle
dans la terre, pour finir à l'entrée de l'âme dans le
paradis, sont réunis en ce lieu et font, en quelque
sorte, le récit du jugement, après la mort.

Parmi ces personnages, en sus du Tobie

Petit
Jour

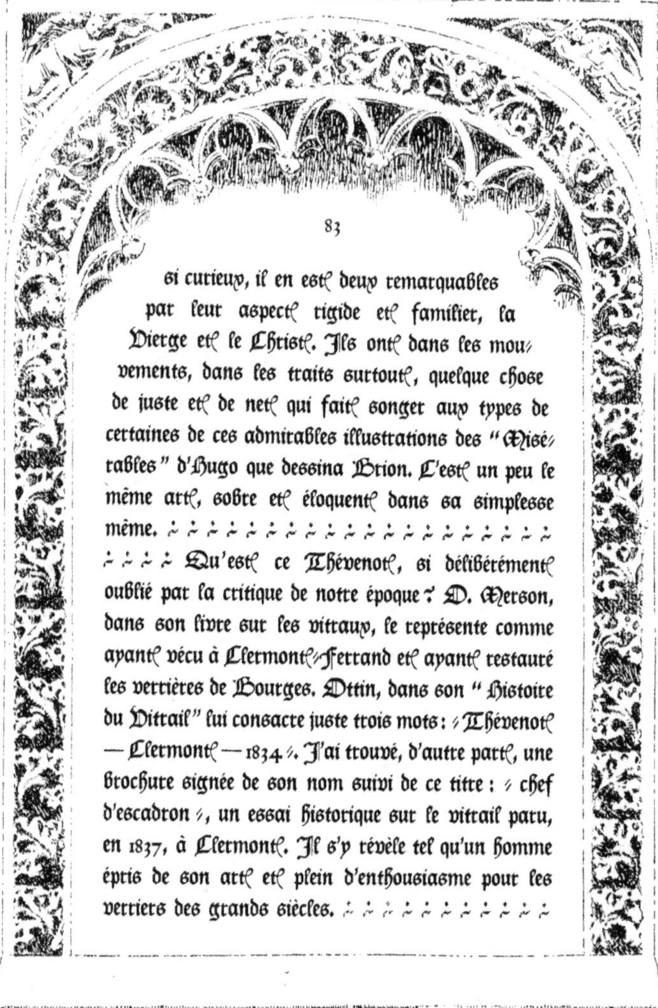

si curieux, il en est deux remarquables
par leur aspect rigide et familier, la
Vierge et le Christ. Ils ont dans les mou-
vements, dans les traits surtout, quelque chose
de juste et de net qui fait songer aux types de
certaines de ces admirables illustrations des "Misérables" d'Hugo que dessina Brion. C'est un peu le
même art, sobre et éloquent dans sa simplesse
même. ⸱⸱⸱⸱⸱⸱⸱⸱⸱⸱⸱⸱⸱⸱⸱⸱⸱⸱
⸱⸱⸱⸱ Qu'est ce Thévenot, si délibérément
oublié par la critique de notre époque? D. Merson,
dans son livre sur les vitraux, le représente comme
ayant vécu à Clermont-Ferrand et ayant restauré
les verrières de Bourges. Ottin, dans son "Histoire
du Vitrail" lui consacre juste trois mots: ⸱Thévenot
— Clermont — 1834⸱. J'ai trouvé, d'autre part, une
brochure signée de son nom suivi de ce titre : ⸱chef
d'escadron⸱, un essai historique sur le vitrail paru,
en 1837, à Clermont. Il s'y révèle tel qu'un homme
épris de son art et plein d'enthousiasme pour les
verriers des grands siècles. ⸱⸱⸱⸱⸱⸱⸱⸱⸱⸱⸱⸱

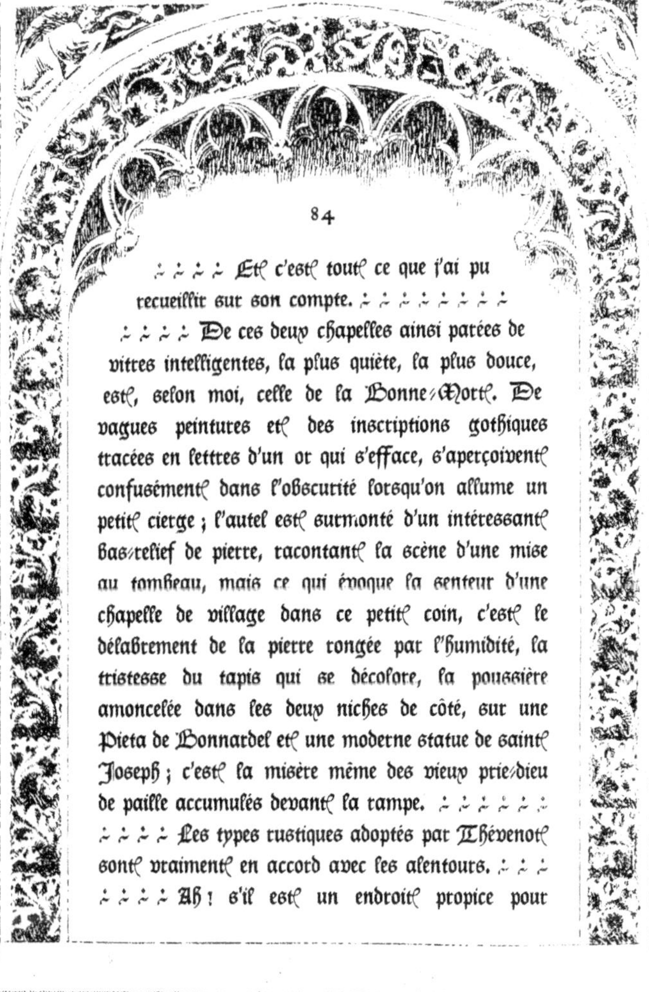

⁂ ⁂ ⁂ Et c'est tout ce que j'ai pu recueillir sur son compte. ⁂ ⁂ ⁂ ⁂ ⁂ ⁂ ⁂

⁂ ⁂ ⁂ De ces deux chapelles ainsi parées de vitres intelligentes, la plus quiète, la plus douce, est, selon moi, celle de la Bonne-Mort. De vagues peintures et des inscriptions gothiques tracées en lettres d'un or qui s'efface, s'aperçoivent confusément dans l'obscurité lorsqu'on allume un petit cierge ; l'autel est surmonté d'un intéressant bas-relief de pierre, racontant la scène d'une mise au tombeau, mais ce qui évoque la senteur d'une chapelle de village dans ce petit coin, c'est le délabrement de la pierre rongée par l'humidité, la tristesse du tapis qui se décolore, la poussière amoncelée dans les deux niches de côté, sur une Pieta de Bonnardel et une moderne statue de saint Joseph ; c'est la misère même des vieux prie-dieu de paille accumulés devant la rampe. ⁂ ⁂ ⁂ ⁂ ⁂

⁂ ⁂ ⁂ Les types rustiques adoptés par Thévenot sont vraiment en accord avec les alentours. ⁂ ⁂

⁂ ⁂ ⁂ Ah ! s'il est un endroit propice pour

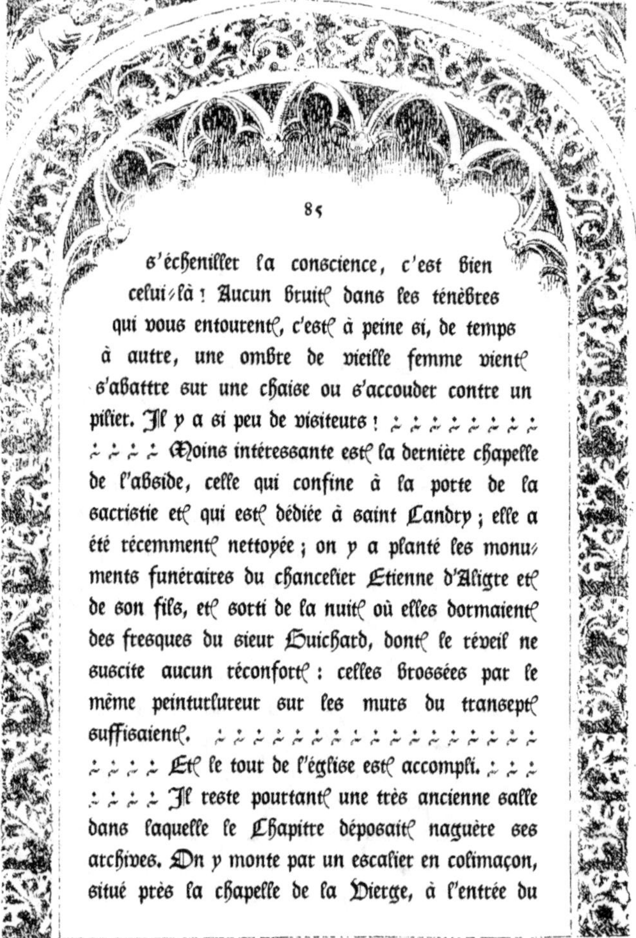

s'écheniller la conscience, c'est bien celui-là ! Aucun bruit dans les ténèbres qui vous entourent, c'est à peine si, de temps à autre, une ombre de vieille femme vient s'abattre sur une chaise ou s'accouder contre un pilier. Il y a si peu de visiteurs !

Moins intéressante est la dernière chapelle de l'abside, celle qui confine à la porte de la sacristie et qui est dédiée à saint Landry ; elle a été récemment nettoyée ; on y a planté les monuments funéraires du chancelier Étienne d'Aligre et de son fils, et sorti de la nuit où elles dormaient des fresques du sieur Guichard, dont le réveil ne suscite aucun réconfort : celles brossées par le même peinturlureur sur les murs du transept suffisaient.

Et le tout de l'église est accompli.

Il reste pourtant une très ancienne salle dans laquelle le Chapitre déposait naguère ses archives. On y monte par un escalier en colimaçon, situé près la chapelle de la Vierge, à l'entrée du

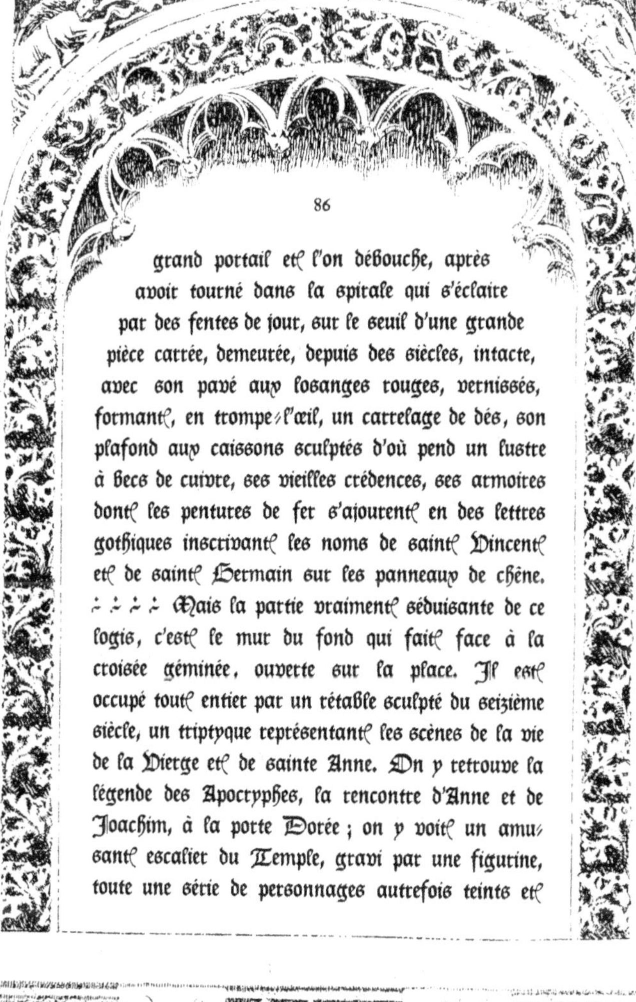

grand portail et l'on débouche, après
avoit tourné dans la spirale qui s'éclaire
par des fentes de jour, sur le seuil d'une grande
pièce carrée, demeurée, depuis des siècles, intacte,
avec son pavé aux losanges rouges, vernissés,
formant, en trompe-l'œil, un carrelage de dés, son
plafond aux caissons sculptés d'où pend un lustre
à becs de cuivre, ses vieilles crédences, ses armoires
dont les pentures de fer s'ajourent en des lettres
gothiques inscrivant les noms de saint Vincent
et de saint Germain sur les panneaux de chêne.
∴ ∴ Mais la partie vraiment séduisante de ce
logis, c'est le mur du fond qui fait face à la
croisée géminée, ouverte sur la place. Il est
occupé tout entier par un rétable sculpté du seizième
siècle, un triptyque représentant les scènes de la vie
de la Vierge et de sainte Anne. On y retrouve la
légende des Apocryphes, la rencontre d'Anne et de
Joachim, à la porte Dorée ; on y voit un amu‑
sant escalier du Temple, gravi par une figurine,
toute une série de personnages autrefois teints et

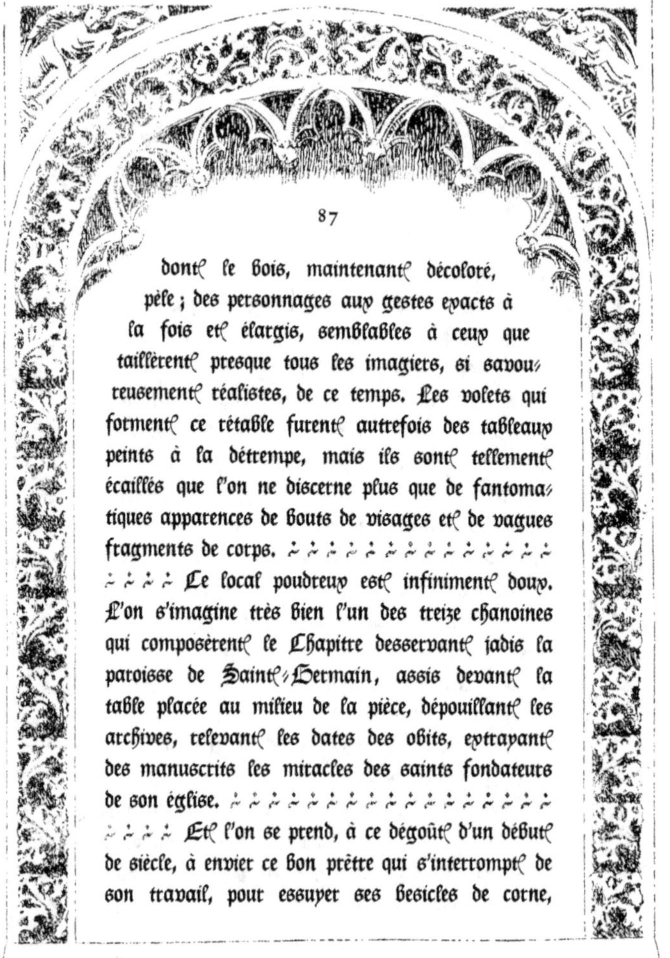

87

dont le bois, maintenant décoloré,
pèle ; des personnages aux gestes exacts à
la fois et élargis, semblables à ceux que
taillèrent presque tous les imagiers, si savou-
reusement réalistes, de ce temps. Les volets qui
forment ce rétable furent autrefois des tableaux
peints à la détrempe, mais ils sont tellement
écaillés que l'on ne discerne plus que de fantoma-
tiques apparences de bouts de visages et de vagues
fragments de corps. ~ ~ ~ ~ ~ ~ ~ ~ ~ ~ ~ ~ ~ ~
~ ~ ~ ~ Le local poudreux est infiniment doux.
L'on s'imagine très bien l'un des treize chanoines
qui composèrent le Chapitre desservant jadis la
paroisse de Saint-Germain, assis devant la
table placée au milieu de la pièce, dépouillant les
archives, relevant les dates des obits, extrayant
des manuscrits les miracles des saints fondateurs
de son église. ~ ~ ~ ~ ~ ~ ~ ~ ~ ~ ~ ~ ~ ~ ~ ~ ~
~ ~ ~ ~ Et l'on se prend, à ce dégoût d'un début
de siècle, à envier ce bon prêtre qui s'interrompt de
son travail, pour essuyer ses besicles de corne,

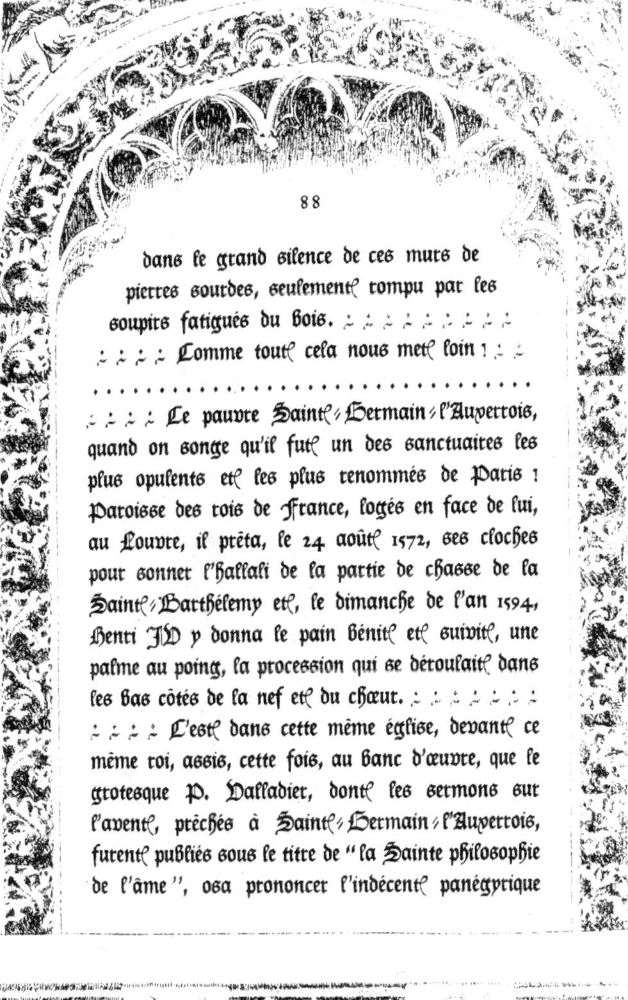

dans le grand silence de ces murs de
pierres sourdes, seulement rompu par les
soupirs fatigués du bois. . . . .
. . . . Comme tout cela nous met loin !. . .

. . . .

. . . . Le pauvre Saint-Germain-l'Auxerrois,
quand on songe qu'il fut un des sanctuaires les
plus opulents et les plus renommés de Paris !
Paroisse des rois de France, logés en face de lui,
au Louvre, il prêta, le 24 août 1572, ses cloches
pour sonner l'hallali de la partie de chasse de la
Saint-Barthélemy et, le dimanche de l'an 1594,
Henri IV y donna le pain bénit et suivit, une
palme au poing, la procession qui se déroulait dans
les bas côtés de la nef et du chœur. . . . .
. . . . C'est dans cette même église, devant ce
même roi, assis, cette fois, au banc d'œuvre, que le
grotesque P. Valladier, dont les sermons sur
l'avent, prêchés à Saint-Germain-l'Auxerrois,
furent publiés sous le titre de " la Sainte philosophie
de l'âme ", osa prononcer l'indécent panégyrique

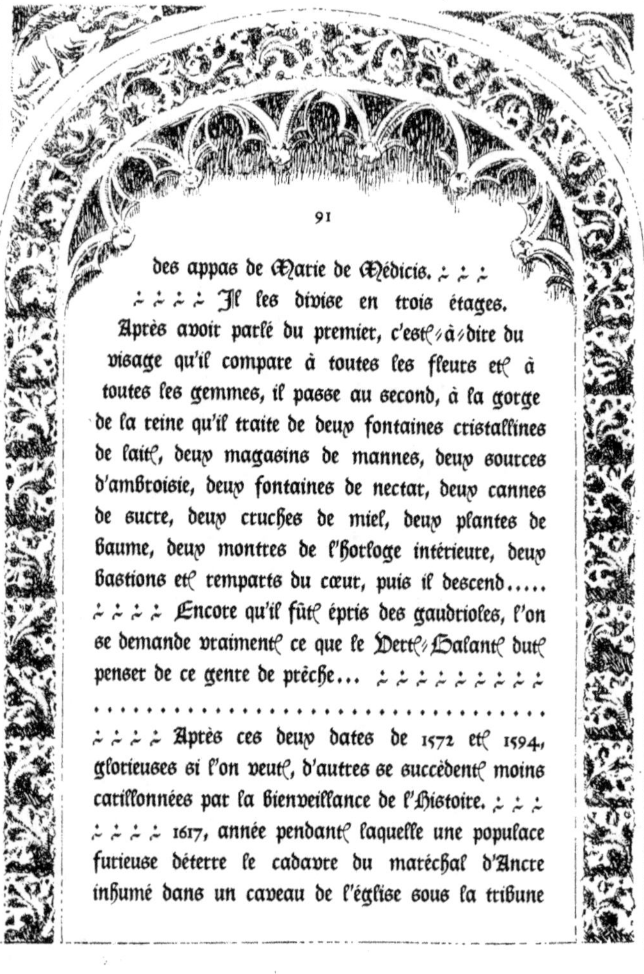

des appas de Marie de Médicis. ͵ ͵ ͵

͵ ͵ ͵ ͵ Il les divise en trois étages.

Après avoir parlé du premier, c'est ͵ à ͵ dire du visage qu'il compare à toutes les fleurs et à toutes les gemmes, il passe au second, à la gorge de la reine qu'il traite de deux fontaines cristallines de lait, deux magasins de mannes, deux sources d'ambroisie, deux fontaines de nectar, deux cannes de sucre, deux cruches de miel, deux plantes de baume, deux montres de l'horloge intérieure, deux bastions et remparts du cœur, puis il descend.....

͵ ͵ ͵ ͵ Encore qu'il fût épris des gaudrioles, l'on se demande vraiment ce que le Vert ͵ Galant dut penser de ce genre de prêche... ͵ ͵ ͵ ͵ ͵ ͵ ͵ ͵

. . . .

͵ ͵ ͵ ͵ Après ces deux dates de 1572 et 1594, glorieuses si l'on veut, d'autres se succèdent moins carillonnées par la bienveillance de l'Histoire. ͵ ͵ ͵

͵ ͵ ͵ ͵ 1617, année pendant laquelle une populace furieuse déterre le cadavre du maréchal d'Ancre inhumé dans un caveau de l'église sous la tribune

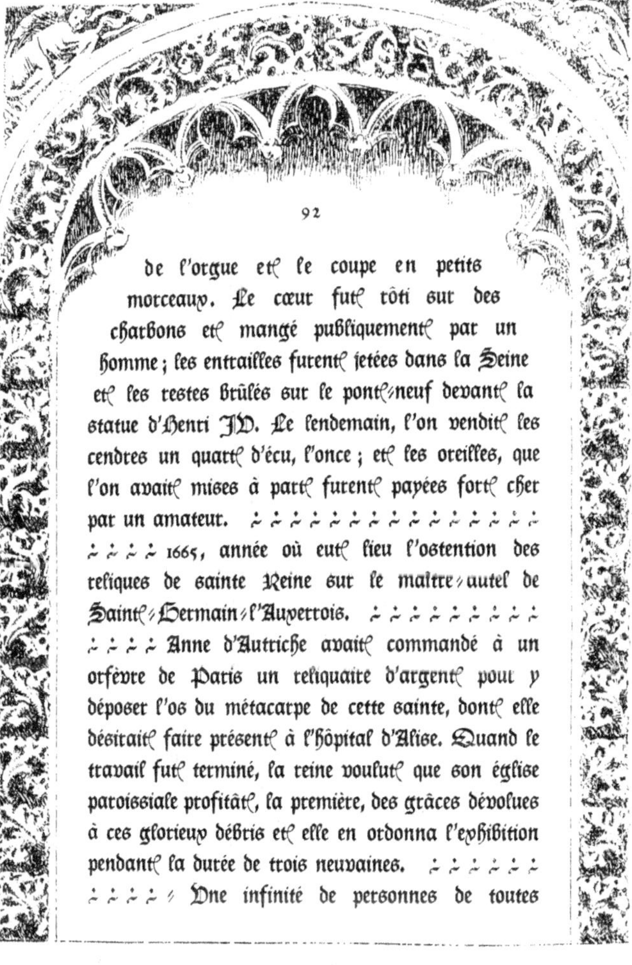

de l'orgue et le coupe en petits morceaux. Le cœur fut rôti sur des charbons et mangé publiquement par un homme; les entrailles furent jetées dans la Seine et les restes brûlés sur le pont-neuf devant la statue d'Henri IV. Le lendemain, l'on vendit les cendres un quart d'écu, l'once; et les oreilles, que l'on avait mises à part furent payées fort cher par un amateur. ~ ~ ~ ~ ~ ~ ~ ~ ~ ~ ~ ~ ~ ~ 1665, année où eut lieu l'ostention des reliques de sainte Reine sur le maître-autel de Saint-Germain-l'Auxerrois. ~ ~ ~ ~ ~ ~ ~ ~ ~ Anne d'Autriche avait commandé à un orfèvre de Paris un reliquaire d'argent pour y déposer l'os du métacarpe de cette sainte, dont elle désirait faire présent à l'hôpital d'Alise. Quand le travail fut terminé, la reine voulut que son église paroissiale profitât, la première, des grâces dévolues à ces glorieux débris et elle en ordonna l'exhibition pendant la durée de trois neuvaines. ~ ~ ~ ~ ~ ~ ~ Une infinité de personnes de toutes

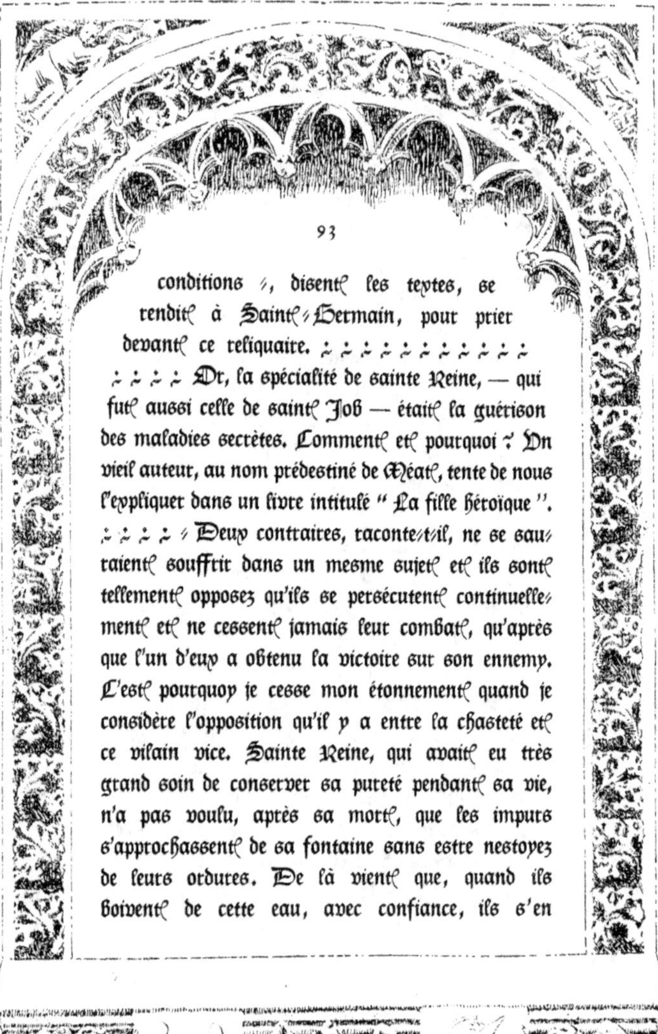

conditions ⸸, disent⸱ les textes, se rendit⸱ à Saint⸱-Germain, pour prier devant⸱ ce reliquaire. ⸱⸱⸱⸱⸱⸱⸱⸱⸱⸱⸱⸱⸱ Or, la spécialité de sainte Reine, — qui fut⸱ aussi celle de saint⸱ Job — était⸱ la guérison des maladies secrètes. Comment⸱ et⸱ pourquoi ⸱ Un vieil auteur, au nom prédestiné de Méat⸱, tente de nous l'expliquer dans un livre intitulé " La fille héroïque ". ⸱⸱⸱⸱⸱ Deux contraires, raconte⸱t⸱il, ne se sau⸱ raient⸱ souffrir dans un mesme sujet⸱ et⸱ ils sont⸱ tellement⸱ opposez qu'ils se persécutent⸱ continuelle⸱ ment⸱ et⸱ ne cessent⸱ jamais leur combat⸱, qu'après que l'un d'eux a obtenu la victoire sur son ennemy. C'est⸱ pourquoy je cesse mon étonnement⸱ quand je considère l'opposition qu'il y a entre la chasteté et⸱ ce vilain vice. Sainte Reine, qui avait⸱ eu très grand soin de conserver sa pureté pendant⸱ sa vie, n'a pas voulu, après sa mort⸱, que les impurs s'approchassent⸱ de sa fontaine sans estre nestoyez de leurs ordures. De là vient⸱ que, quand ils boivent⸱ de cette eau, avec confiance, ils s'en

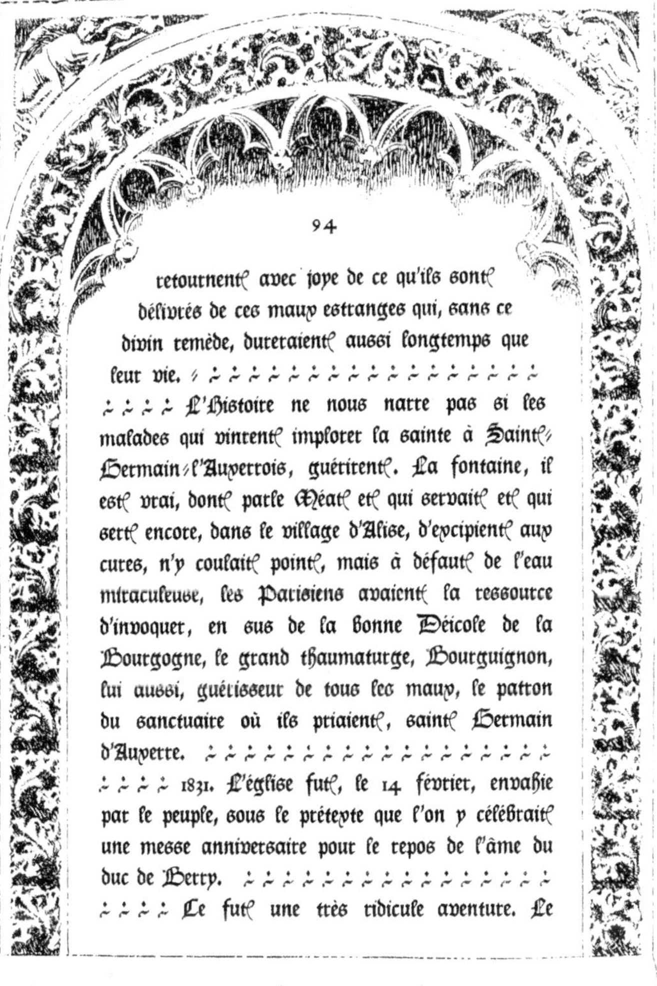

retournent avec joye de ce qu'ils sont délivrés de ces maux estranges qui, sans ce divin remède, dureraient aussi longtemps que leur vie. ⁂ L'Histoire ne nous narre pas si les malades qui vinrent implorer la sainte à Saint-Germain-l'Auxerrois, guérirent. La fontaine, il est vrai, dont parle Méat et qui servait et qui sert encore, dans le village d'Alise, d'excipient aux cures, n'y coulait point, mais à défaut de l'eau miraculeuse, les Parisiens avaient la ressource d'invoquer, en sus de la bonne Déicole de la Bourgogne, le grand thaumaturge, Bourguignon, lui aussi, guérisseur de tous les maux, le patron du sanctuaire où ils priaient, saint Germain d'Auxerre. ⁂ 1831. L'église fut, le 14 février, envahie par le peuple, sous le prétexte que l'on y célébrait une messe anniversaire pour le repos de l'âme du duc de Berry. ⁂ Ce fut une très ridicule aventure. Le

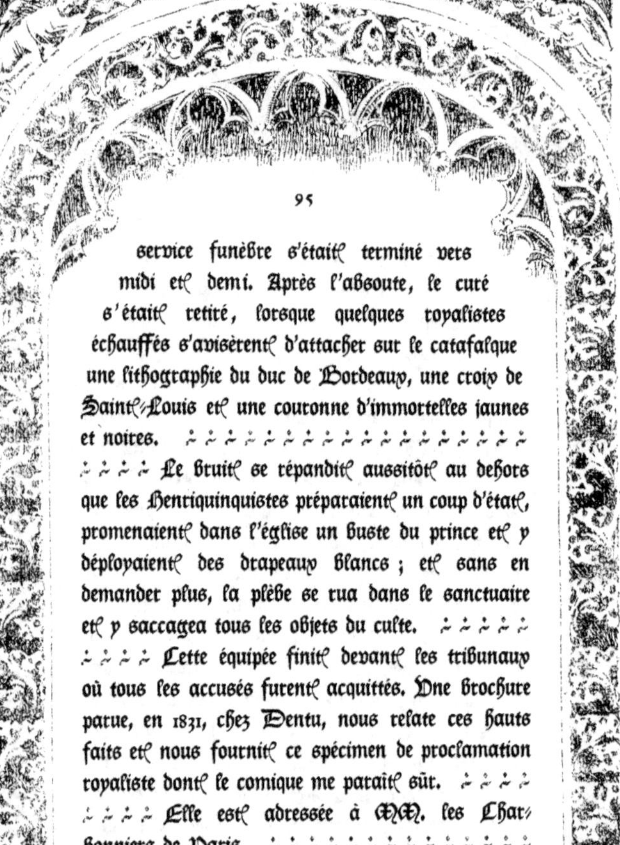

service funèbre s'était terminé vers midi et demi. Après l'absoute, le curé s'était retiré, lorsque quelques royalistes échauffés s'avisèrent d'attacher sur le catafalque une lithographie du duc de Bordeaux, une croix de Saint-Louis et une couronne d'immortelles jaunes et noires.

Le bruit se répandit aussitôt au dehors que les Henriquinquistes préparaient un coup d'état, promenaient dans l'église un buste du prince et y déployaient des drapeaux blancs ; et sans en demander plus, la plèbe se rua dans le sanctuaire et y saccagea tous les objets du culte.

Cette équipée finit devant les tribunaux où tous les accusés furent acquittés. Une brochure parue, en 1831, chez Dentu, nous relate ces hauts faits et nous fournit ce spécimen de proclamation royaliste dont le comique me paraît sûr.

Elle est adressée à MM. les Charbonniers de Paris.

Messieurs, l'attachement que vous avez

toujours montré pour la branche aînée des Bourbons, la douleur que vous avez témoignée à la mort du duc de Berry, ce prince bienfaisant qui vous a été ravi par un horrible crime qui vous prive du digne père de notre Henry V, et l'horreur que les Auvergnats ont ressentie de cet affreux assassinat, nous donnent lieu de croire que vous vous ferez un devoir d'assister au service anniversaire qui sera célébré à Saint-Germain-l'Auxerrois. D'après les vrais sentiments qui vous ont toujours dirigés, nous avons l'espoir de vous y trouver réunis en corps. »

. . . . . Ni en corps, ni en personne, les ingrats auverpins, si respectueusement traités pourtant, ne vinrent. . . . .

. . . . Si nous sautons maintenant de l'année 1831 à l'an 1871, nous voyons encore l'église pleine ; seulement, cette fois, ce ne sont plus des partisans de la royauté mais bien les membres d'un club de libres penseurs qui s'entassent dans son vaisseau, sous la présidence d'un sieur Pierre et d'une certaine

Le
Petit
Journal

Lodoïska, accoutrée d'une veste de hussard, culottée d'un pantalon de turco, coiffée d'une toque à cocarde rouge, et chaussée de bottines à glands d'or.

Et tandis que, du haut de la chaire, un pochard pérore, un autre troue d'un coup de baïonnette la bouche de la statue de la Vierge et y plante une pipe ; puis il arrache l'Enfant-Jésus et de toute l'église qui trépigne de joie, des lazzis, exactement notés, s'échangent :

— Passe le gosse par ici, pour qu'on l'embrasse !

— Ouvrez-y la gueule pour voir s'il a fait ses dents !

Et l'on promène l'Enfant que l'on finit par jeter, brisé, dans un coin. Mais, pour dire vrai, les fédérés se bornèrent à ces aménités sacrilèges et à ces farces impies et, moins féroces que d'autres ivrognes qui, après avoir maltraité les prêtres, pillèrent les églises, ceux-ci se contentèrent de voler quelques vêtements d'enfants de chœur et

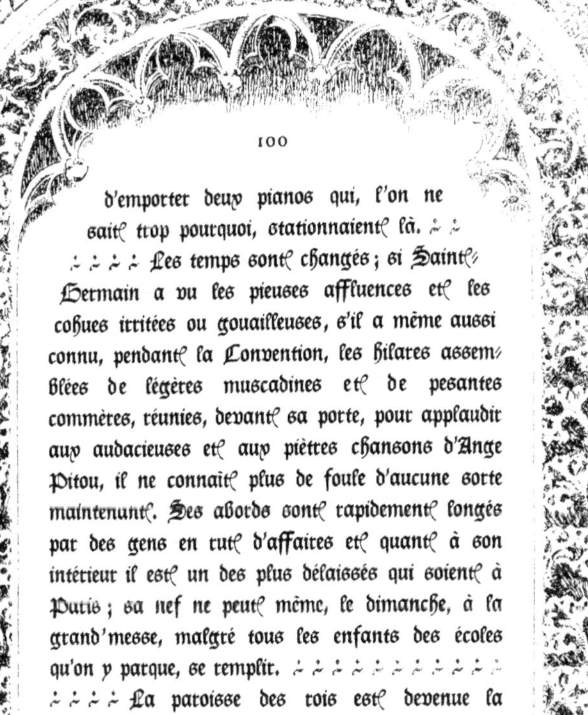

d'emporter deux pianos qui, l'on ne sait trop pourquoi, stationnaient là. ~ ~

~ ~ ~ ~ Les temps sont changés; si Saint-Germain a vu les pieuses affluences et les cohues irritées ou gouailleuses, s'il a même aussi connu, pendant la Convention, les hilares assemblées de légères muscadines et de pesantes commères, réunies, devant sa porte, pour applaudir aux audacieuses et aux piètres chansons d'Ange Pitou, il ne connaît plus de foule d'aucune sorte maintenant. Ses abords sont rapidement longés par des gens en rut d'affaires et quant à son intérieur il est un des plus délaissés qui soient à Paris; sa nef ne peut même, le dimanche, à la grand'messe, malgré tous les enfants des écoles qu'on y parque, se remplir. ~ ~ ~ ~ ~ ~ ~ ~ ~

~ ~ ~ ~ La paroisse des rois est devenue la paroisse de la Mode; l'église est enserrée par les magasins de la Belle-Jardinière, du Pont-Neuf et de la Samaritaine. Le dernier la touche presque, car la livrée bleue de ses devantures s'étend dans la

rue de l'Arbre-Sec et un ignoble
bâtiment de fer qu'il vient d'ériger, se
dresse, surmonté, en guise de clocher, d'un
chapeau chinois, devant l'abside, là où le brave
bourgeois qui alloua des fonds pour la faire
rebâtir, messire Jehan Tronson, drapier de Paris,
fit apposer sa signature, dans une frise, sous le
toit, en adoptant la forme d'un rébus figuré par
des tronçons de carpes. ~ ~ ~ ~ ~ ~ ~ ~ ~ ~
~ ~ ~ ~ Même au temps où les rois habitaient le
palais du Louvre, le commerce des draps aidait à
embellir l'église ; il venait en aide aux bourses des
souverains, souvent sèches ; cette affection des
drapiers pour leur sanctuaire explique la présence,
sous le narthex, de la statue de sainte Marie
l'Égyptienne, leur sainte de prédilection et leur
patronne, sans doute parce que saint Vozime qui la
rencontra dans le désert, vêtue seulement de ses
longs cheveux, donna son manteau pour la couvrir.
~ ~ ~ ~ Maintenant, il n'y a plus de monarques,
mais je crois bien que les grands industriels des

draperies s'occupent moins que leur
ancêtre Tronson des besoins du culte ;
cette observation n'est pas un reproche, car il
est certainement très heureux qu'il en soit ainsi.
S'ils désiraient, en effet, faire réparer ou orner
leurs chapelles, ils seraient bien forcés de s'adresser,
comme l'État dont ils prendraient la place, à de
dangereux architectes et à de nuisibles peintres, et
que resterait-il du charme dolent et désuet de
cette très douce église ?

Saint-Merry

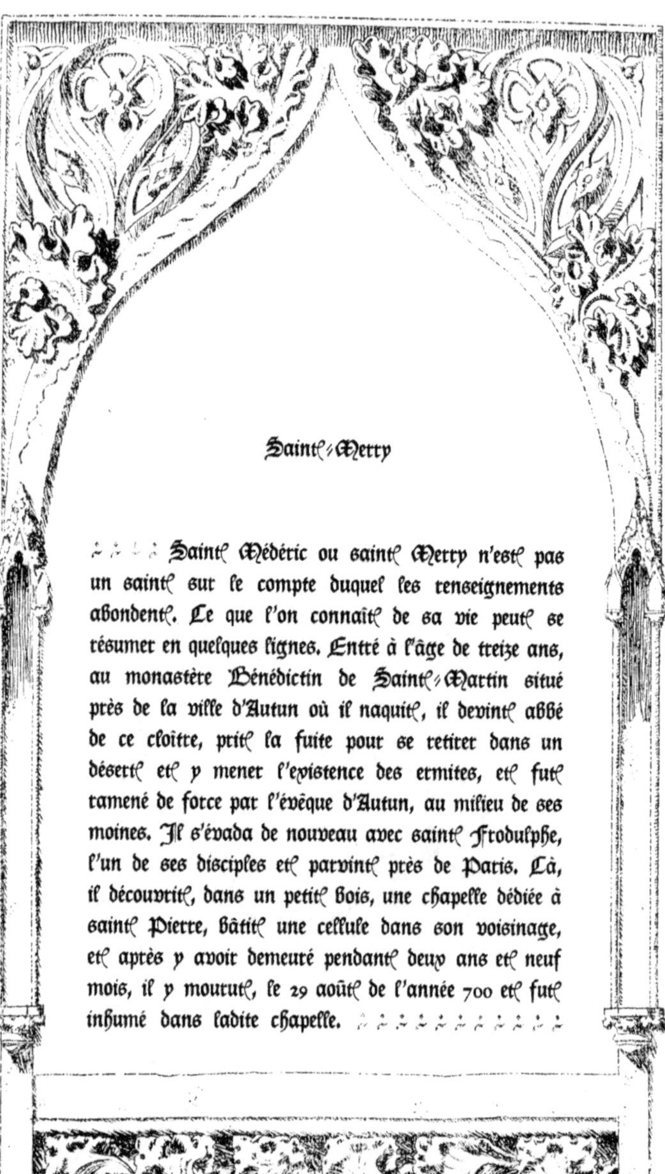

Saint-Merry

Saint Médéric ou saint Merry n'est pas un saint sur le compte duquel les renseignements abondent. Ce que l'on connaît de sa vie peut se résumer en quelques lignes. Entré à l'âge de treize ans, au monastère Bénédictin de Saint-Martin situé près de la ville d'Autun où il naquit, il devint abbé de ce cloître, prit la fuite pour se retirer dans un désert et y mener l'existence des ermites, et fut ramené de force par l'évêque d'Autun, au milieu de ses moines. Il s'évada de nouveau avec saint Frodulphe, l'un de ses disciples et parvint près de Paris. Là, il découvrit, dans un petit bois, une chapelle dédiée à saint Pierre, bâtit une cellule dans son voisinage, et après y avoir demeuré pendant deux ans et neuf mois, il y mourut, le 29 août de l'année 700 et fut inhumé dans ladite chapelle.

Et un point, c'est tout. 

Vers la fin du neuvième siècle, un capitaine qui avait combattu, sous les ordres du comte Eudes, les Normands dont l'armée assiégeait Paris, Odo Falconarius, Odon le fauconnier, fit construire sur la place de la chapelle, tombée en ruines, une église romane ; elle fut érigée en collégiale, baptisée sous le double vocable de Saint-Pierre et de Saint-Merry, puis ce dernier, peu à peu, à cause des miracles qu'il opéra, évinça l'autre et resta seul titulaire de cette église que l'on détruisit au seizième siècle.

Celle qu'on lui substitua et qui existe encore fut commencée en 1525 et achevée en 1612.

En faisant les fondements de la neuve église, raconte le bon Gilles Corrozet dans ses Antiquités chroniques et singularités de Paris », on trouva sous le grand autel, dans un tombeau de pierre, le corps de son fondateur, ayant des bottines de cuir doré aux jambes, lequel, sitôt qu'il fut touché de l'air, tourna en poudre. Son épitaphe était auprès, la date duquel pour la vieillesse, ne put être reconnue. Cet épitaphe fut engravé en une autre pierre qui est au milieu du chœur et contient ainsi :

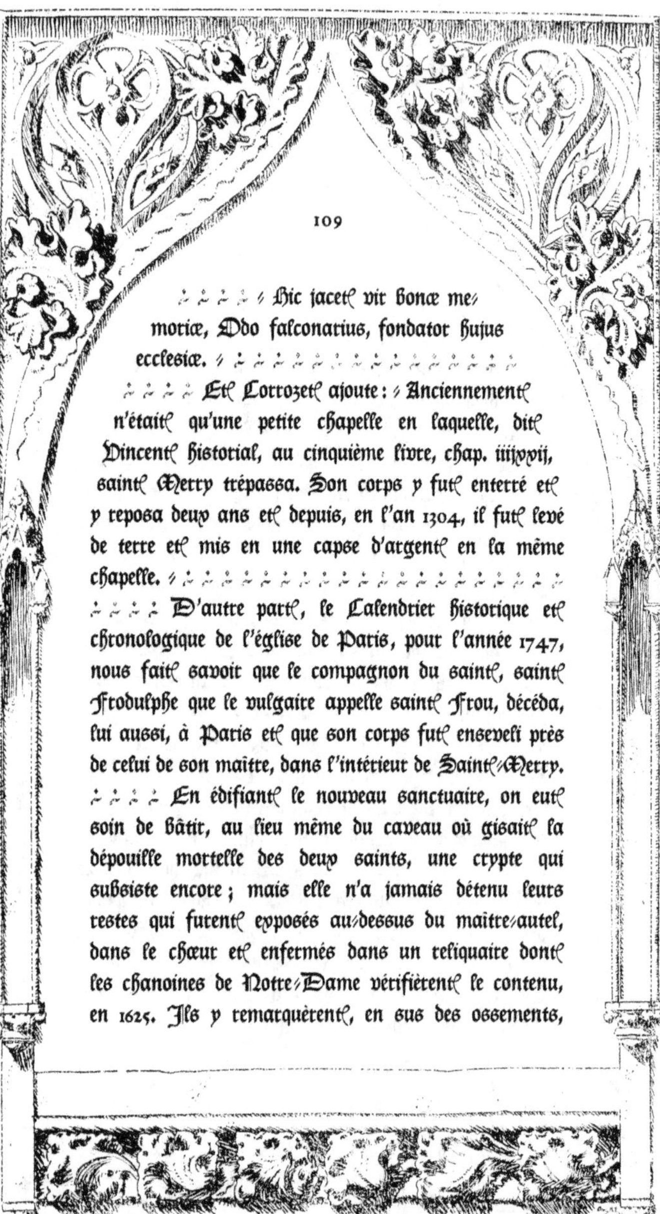

» » » » Hic jacet vir bonæ me/
moriæ, Odo falconarius, fondator hujus
ecclesiæ. » » » » » » » » » » »

» » » » Et Corrozet ajoute : » Anciennement
n'était qu'une petite chapelle en laquelle, dit
Vincent historial, au cinquième livre, chap. iiijxxvij,
saint Merry trépassa. Son corps y fut enterré et
y reposa deux ans et depuis, en l'an 1304, il fut levé
de terre et mis en une capse d'argent en la même
chapelle. » » » » » » » » » » » » » »

» » » » D'autre part, le Calendrier historique et
chronologique de l'église de Paris, pour l'année 1747,
nous fait savoir que le compagnon du saint, saint
Frodulphe que le vulgaire appelle saint Frou, décéda,
lui aussi, à Paris et que son corps fut enseveli près
de celui de son maître, dans l'intérieur de Saint/Merry.

» » » » En édifiant le nouveau sanctuaire, on eut
soin de bâtir, au lieu même du caveau où gisait la
dépouille mortelle des deux saints, une crypte qui
subsiste encore ; mais elle n'a jamais détenu leurs
restes qui furent exposés au/dessus du maître/autel,
dans le chœur et enfermés dans un reliquaire dont
les chanoines de Notre/Dame vérifièrent le contenu,
en 1625. Ils y remarquèrent, en sus des ossements,

un flacon auquel était jointe une
cédule sur laquelle étaient écrits ces mots :
« C'est une fiole de Baume creu et la dona
Messire Étienne Maupas, l'an 1339, le vingt-
cinquième jour de may. » La châsse fut encore ouverte en 1793,
mais, cette fois, par les sans-culottes qui s'em-
pressèrent de jeter à la voirie et les pieux détriments
et la fiole. Il n'existe donc plus de reliques de saint
Merry. En fait d'objets lui ayant appartenu, l'on
peut voir, dit l'abbé Salmon, dans ses " Pèlerinages
de Paris ", le fragment d'une de ses chasubles ornée
de dessins bizarres. Il est possédé par le trésor de
l'église de Longpont. Sauf la tour ogivale dans le bas mais dont
les derniers étages arborent les pilastres et les cintres
du dix-septième siècle, l'église actuelle est du gothique
de la dernière période ; le portail principal s'étend sur
la rue Saint-Martin. Il est difficile à saisir, en son
ensemble, à cause du peu de recul que permet l'étroitesse
de la rue ; percé de trois portes ogivales surmontées
de crossettes et de fleurons, il n'a gardé de son
ornementation primitive que des bribes mais d'aucunes,

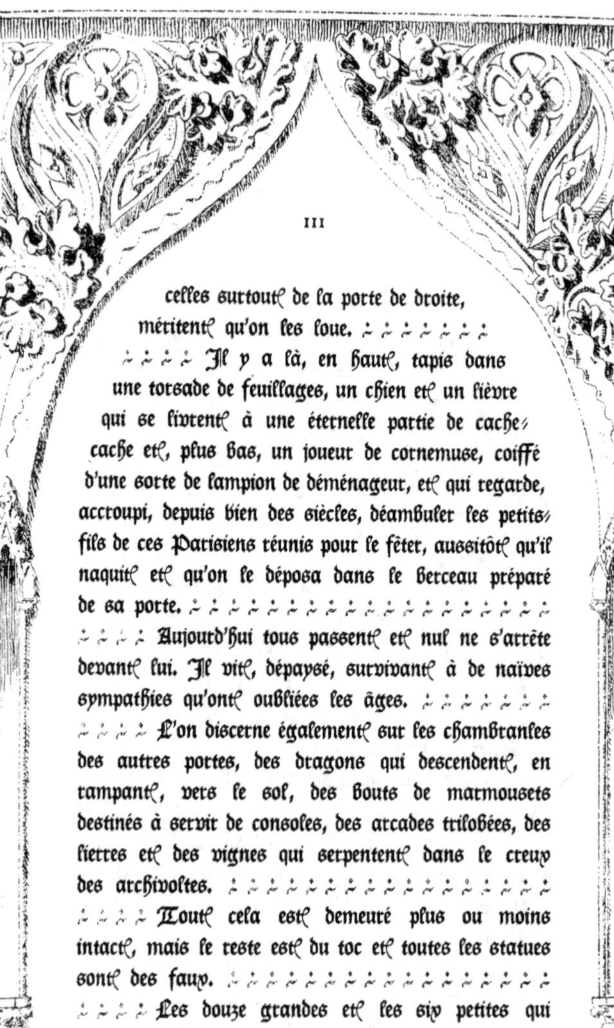

III

celles surtout de la porte de droite, méritent qu'on les loue.

Il y a là, en haut, tapis dans une torsade de feuillages, un chien et un lièvre qui se livrent à une éternelle partie de cache-cache et, plus bas, un joueur de cornemuse, coiffé d'une sorte de lampion de déménageur, et qui regarde, accroupi, depuis bien des siècles, déambuler les petits-fils de ces Parisiens réunis pour le fêter, aussitôt qu'il naquit et qu'on le déposa dans le berceau préparé de sa porte.

Aujourd'hui tous passent et nul ne s'arrête devant lui. Il vit, dépaysé, survivant à de naïves sympathies qu'ont oubliées les âges.

L'on discerne également sur les chambranles des autres portes, des dragons qui descendent, en rampant, vers le sol, des bouts de marmousets destinés à servir de consoles, des arcades trilobées, des lierres et des vignes qui serpentent dans le creux des archivoltes.

Tout cela est demeuré plus ou moins intact, mais le reste est du toc et toutes les statues sont des faux.

Les douze grandes et les six petites qui

remplissent les niches des trois
portes, vidées par la Révolution, ont été
fabriquées, en 1842, par Desprez et Brun ;
les dix-huit figurines, placées sous les dais
historiés de la voussure, en recul, dans le haut
de la baie médiane, sont des moulages pris à
Notre-Dame-de-Paris, de statuettes du treizième
siècle ; mieux eût valu, à coup sûr, reproduire des
images du seizième qui eussent été au moins en
accord avec le style de l'église, mais il ne faut pas se
plaindre, car l'on aurait pu imaginer pis, en comman-
dant des sculptures neuves aux limousins médaillés
de notre temps. En tout cas, vieilles ou neuves, ces statues
ont été si bien patinées par la crasse des poussières
et par la boue des pluies, qu'à distance, avec un peu
de bonne volonté, la confusion s'opère et que cette
façade, noire et comme rongée, semble avenante pour
tous ceux qu'exaspèrent ces basiliques modernes dont
les murs ont la couleur des toiles écrues, aggravées
parfois, par des couches multipliées de blanc. L'église Saint-Merry longe d'un côté, au
nord, la rue du Cloître, au-dessus de laquelle elle ouvre
une fenêtre à meneaux flamboyants, que surplombe une

meute de chiens de garde, veillant
sur une ménagerie de chimères dont les
bustes rigides qui avancent sur la chaussée
versaient jadis de leurs gueules contournées
des torrents de pluie.

Et ces douches que recevaient les passants
étaient, je veux le croire, excellentes, sinon pour la
santé des vêtements et le salut du corps, au moins
pour le bien-être de l'âme. Les aspersions étaient, en
effet, un tonique contre la langueur du péché, un
cordial interne, un réchauffant.

Nos pères connaissaient le langage symbolique des gargouilles. Ils les considéraient comme les
images pétrifiées de ces princes de l'air dont parle
saint Paul, comme des démons rejetés hors du
sanctuaire et relégués le plus loin possible de son
faîte, et tout en grelottant et en dansant sous la
furie des averses dont ces monstres leur inondaient
le crâne, ils faisaient sans doute un retour sur
eux-mêmes, prenaient de saines résolutions, se pro-
mettaient d'échapper à l'emprise de ces Esprits de
Malice, en s'épurant par la pénitence et la prière.....

De l'autre côté, au sud, l'église a encore
conservé quelques spécimens de son bestiaire infernal,

mais c'est à peine si on les
entrevoit, car le bras de son transept
qui s'élève au-dessus de la rue de la Verrerie,
est cerné par le presbytère et masqué par
d'autres maisons. La grande fenêtre placée en
face de celle qui se hausse sur la rue du Cloître
Saint-Merry est invisible ; l'on peut, tout au
plus, apercevoir au-dessus des toits une pointe de
fronton et deux tourelles, aux balustres résillés,
servant de cage à quelques chimères. L'intérieur est cruciforme ; la nef et le
chœur sont entourés d'un bas-côté, bordé de chapelles
qui communiquent entre elles par des portes en ogives,
trouées dans des murs de refend. Des vitraux sur
lesquels quatre des meilleurs verriers du seizième siècle,
Béron, de Parvy, Chamu et Nogare peignirent les
vies de saint Pierre, de saint Joseph, de saint
Jean-Baptiste et de saint François d'Assise, certains
fragments subsistent, dans la nef ; et des morceaux
dépareillés ont été insérés, un peu au hasard, dans les
croisées aux carreaux blancs et verts, losangés de
plomb, qui ajourent actuellement les chapelles des
bas-côtés. Le fut ici, comme à Saint-Germain-

l'Auxerrois, comme presque dans toutes les anciennes églises, les chanoines du dix-huitième siècle qui saccagèrent les vitraux, sous le prétexte qu'ils éclairaient mal.

. . . . Sauf le chœur qui a été remanié, par eux, au dix-huitième siècle et une grande chapelle de l'invention d'un nommé Richard qui, en 1754, défonça trois chapelles gothiques pour y caser la sienne, l'intérieur de Saint-Merry est de style ogival, avec piliers en arc pointu, dénués de chapiteaux, fenêtres à dentelures flamboyantes, réseaux de nervures et clefs de voûtes armoriées. Celle qui s'épanouit, au-dessus du transept, ressemble à une cordelière de saint François ; elle court, se déroulant avec bouffettes, à plat sur la pierre, puis se laisse pendre, dans le vide, en un nœud ouvragé qui fut sans doute autrefois peint en azur rehaussé d'or. . . . . . .

. . . . La première impression, lorsqu'on pénètre dans la nef, est imposante. Le vaisseau jaillit d'un bond, avec ses murs, allégés par des vitres, dans les airs ; on respire la senteur d'une bonne, d'une vieille église, si placide, si recueillie, alors que l'on vient de quitter le vacarme commerçant de la rue Saint-Martin ; mais cette impression se fâche, si on lève les

yeux et si l'on regarde, en haut,
le fond de la nef et le maître-autel, car
l'abside s'illumine de trois lames de verre
dont l'aspect criard, dans cette atmosphère
apaisée, détonne ; celle du milieu contient au-dessous
d'un Père Éternel pour romance, un Christ dont
la robe en chair d'orange sanguine est un tourment ;
mais c'est surtout dans la lame de droite, que la
scélératesse de couleur du verrier moderne qui les
teignit, s'avère ; il y a là un Jésus, habillé de rouge
groseille et de bleu de Prusse, debout devant une
femme agenouillée dans du jaune de jonquille et du
bleu de paon, qui est pour l'œil ce que seraient pour
l'oreille des coups de piston soufflés par des pitres
éperdus, sur des tréteaux de foire. Et au-dessous de ce tintamarre de tons, une
gloire énorme de bois doré, crache, ainsi qu'un soleil
d'artifice, ses rayons dans tous les sens et simule, si
l'on veut, l'auréole d'un gigantesque Christ de
marbre blanc, campé, depuis l'an 1866, au-dessus de
l'autel. Quant au chœur même, il a été, je l'ai déjà
dit, complètement remanié au dix-huitième siècle ; les
ogives ont été transformées en cintres, les parois

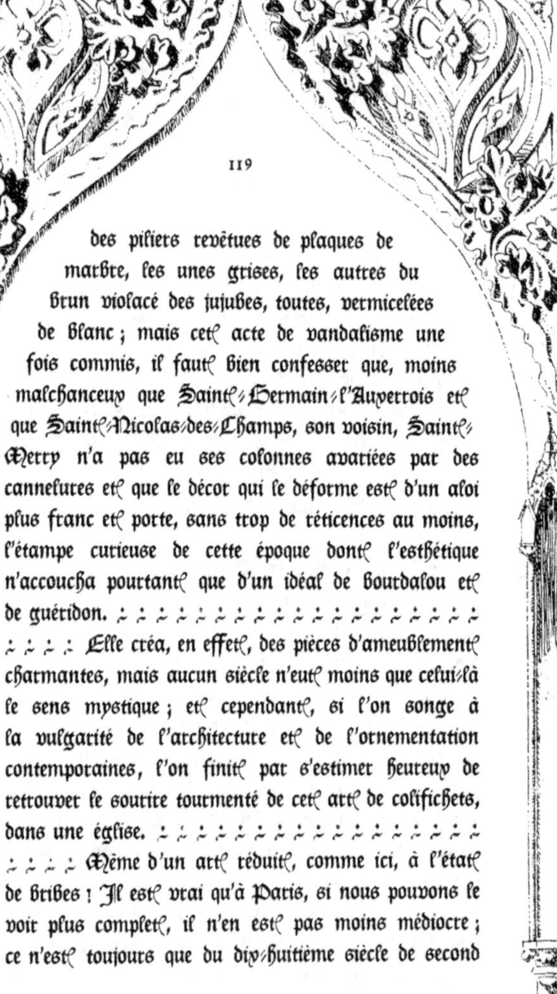

des piliers revêtues de plaques de marbre, les unes grises, les autres du brun violacé des jujubes, toutes, vermicelées de blanc ; mais cet acte de vandalisme une fois commis, il faut bien confesser que, moins malchanceux que Saint-Germain-l'Auxerrois et que Saint-Nicolas-des-Champs, son voisin, Saint-Merry n'a pas eu ses colonnes avariées par des cannelures et que le décor qui le déforme est d'un aloi plus franc et porte, sans trop de réticences au moins, l'étampe curieuse de cette époque dont l'esthétique n'accoucha pourtant que d'un idéal de bourdalou et de guéridon. Elle créa, en effet, des pièces d'ameublement charmantes, mais aucun siècle n'eut moins que celui-là le sens mystique ; et cependant, si l'on songe à la vulgarité de l'architecture et de l'ornementation contemporaines, l'on finit par s'estimer heureux de retrouver le sourire tourmenté de cet art de colifichets, dans une église. Même d'un art réduit, comme ici, à l'état de bribes ! Il est vrai qu'à Paris, si nous pouvons le voir plus complet, il n'en est pas moins médiocre ; ce n'est toujours que du dix-huitième siècle de second

ordre. Saint-Thomas-d'Aquin, par exemple, est une salle de théâtre, garnie de très réelles baignoires qui tournent autour de la scène, là où se dresse le grand autel ; son décor hésite, ne se livre pas, tente presque de donner le change en établissant un vague compromis entre une salle pour ballets et un sanctuaire. C'est une œuvre hybride, un oratoire de danseuses. Si l'on veut contempler un ensemble surprenant d'église du temps demeurée intacte et conçue pour l'unique plaisir de confectionner du joli et du futile, c'est à Mayence qu'il faut aller. Il existe, en effet, dans cette ville, deux chapelles, l'une surtout, placée sous le vocable de Notre-Dame, et située Augustinarstrasse qui sont les authentiques bijoux du Rococo, les petits Dunkerques de la Vierge. Tout y est : murs blancs, comme poudrés d'une fleur de riz et treillis d'or, grand autel avec baldaquin et couronne, culbutis de menus anges relevant des tentures de marbre autour de colonnes à chapiteaux ; grand orgue avec tribune, à ventre renflé, tel que celui d'une commode, orné d'amours joufflus et de cartouches patés d'instruments de musique, en relief, flûtes et tambourins, violons et basses ; plafond peint dans le

goût de Tiepolo, chaire surmontée
d'une gloire d'or dans une envolée de
séraphins bouffis. Ce ne sont partout que
roses pompons, que chicorées, que volutes, que
pots à feux, que rocailles ; c'est le babil doré du
bois, la minauderie des marbres, le tortillage des
chandeliers, et les pimpantes afféteries des appliques ;
cela sent la bergamote et l'ambre ; c'est pompeux
et exquis, théâtral et léger ; c'est anti-mystique,
autant que possible, mais combien ce boudoir façonné
pour une Estelle céleste est supérieur à ces casernes
divines et à ces pieuses halles, que les Ginain, que
les Baltard, que les Ballu, que les Abadie, que tous
les rhéteurs de la jactance monumentale moderne
nous fabriquent ! . . . .
. . . . . Le décor de Saint-Merry ne peut se
comparer à celui de Notre-Dame de Mayence ; il
est incomplet et grossier, il est mastoque ; mais
cependant son chœur avec ses têtes d'angelots dorés,
ses astragales et ses marbres, ses bronzes tarabis-
cotés et ses coquilles de Saint-Jacques évidées,
intéresse ; l'on peut en dire autant de cette chapelle
du Saint-Sacrement, creusée par le sieur Richard, à
droite, près de l'entrée du grand portail. Elle est

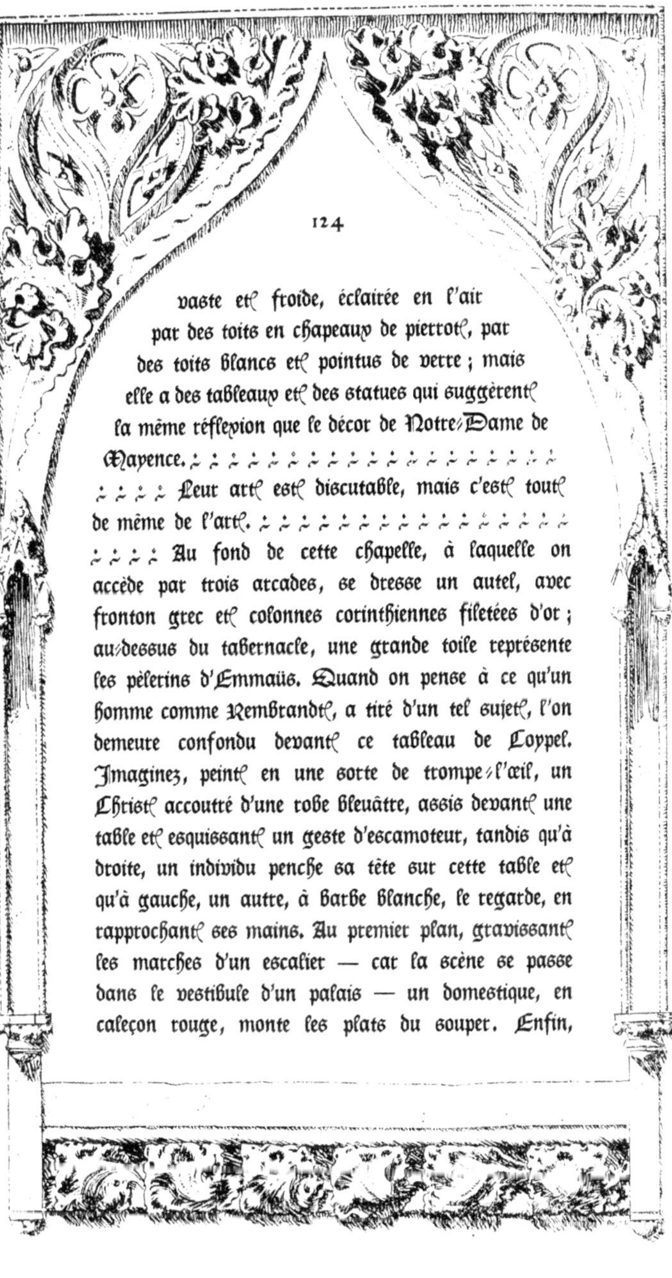

124

vaste et froide, éclairée en l'air
par des toits en chapeaux de pierrot, par
des toits blancs et pointus de verre ; mais
elle a des tableaux et des statues qui suggèrent
la même réflexion que le décor de Notre-Dame de
Mayence. . . . .
. . . . Leur art est discutable, mais c'est tout
de même de l'art. . . . .
. . . . Au fond de cette chapelle, à laquelle on
accède par trois arcades, se dresse un autel, avec
fronton grec et colonnes corinthiennes filetées d'or ;
au-dessus du tabernacle, une grande toile représente
les pèlerins d'Emmaüs. Quand on pense à ce qu'un
homme comme Rembrandt, a tiré d'un tel sujet, l'on
demeure confondu devant ce tableau de Coypel.
Imaginez, peint en une sorte de trompe-l'œil, un
Christ accoutré d'une robe bleuâtre, assis devant une
table et esquissant un geste d'escamoteur, tandis qu'à
droite, un individu penche sa tête sur cette table et
qu'à gauche, un autre, à barbe blanche, le regarde, en
rapprochant ses mains. Au premier plan, gravissant
les marches d'un escalier — car la scène se passe
dans le vestibule d'un palais — un domestique, en
caleçon rouge, monte les plats du souper. Enfin,

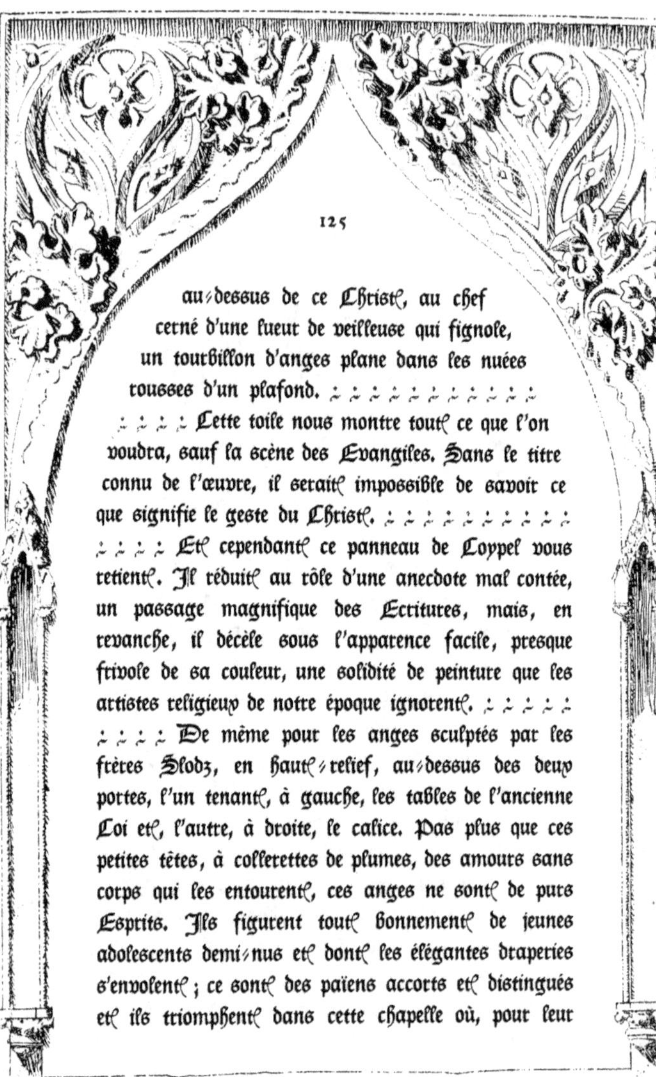

au-dessus de ce Christ, au chef
cerné d'une lueur de veilleuse qui fignole,
un tourbillon d'anges plane dans les nuées
rousses d'un plafond.

Cette toile nous montre tout ce que l'on
voudra, sauf la scène des Évangiles. Sans le titre
connu de l'œuvre, il serait impossible de savoir ce
que signifie le geste du Christ.

Et cependant ce panneau de Coypel vous
retient. Il réduit au rôle d'une anecdote mal contée,
un passage magnifique des Écritures, mais, en
revanche, il décèle sous l'apparence facile, presque
frivole de sa couleur, une solidité de peinture que les
artistes religieux de notre époque ignorent.

De même pour les anges sculptés par les
frères Slodz, en haut-relief, au-dessus des deux
portes, l'un tenant, à gauche, les tables de l'ancienne
Loi et, l'autre, à droite, le calice. Pas plus que ces
petites têtes, à collerettes de plumes, des amours sans
corps qui les entourent, ces anges ne sont de purs
Esprits. Ils figurent tout bonnement de jeunes
adolescents demi-nus et dont les élégantes draperies
s'envolent ; ce sont des païens accorts et distingués
et ils triomphent dans cette chapelle où, pour leur

servir sans doute de repoussoir,
l'on a installé quelques statues modernes
dont deux, un saint Pierre l'Ermite et un
saint Antoine sculptés, en 1842, par Evrard,
sont cependant viables.

Voilà l'apport du dix-huitième siècle, dans l'église bâtie au seizième en l'honneur de saint Merry.

Possédons-nous au moins tous les ornements dont cet âge dota l'église ?

Non, car Germain Brice nous donne une description de l'intérieur du sanctuaire, tel qu'il était de son temps, et il nous dit :

On expose, les jours de fêtes principales, des tapisseries assez belles qui représentent la vie de Notre-Seigneur exécutées sur les cartons de Henri Lerembart, peintre du roi, dont les ouvrages avaient quelque beauté.

Les tapisseries ont disparu.

Il y avait aussi, ajoute-t-il, une mosaïque en tableau qui représente la Vierge et l'Enfant, accompagnés de quelques anges ; ce morceau avait été rapporté d'Italie par Jean de Ganay, premier président du Parlement.

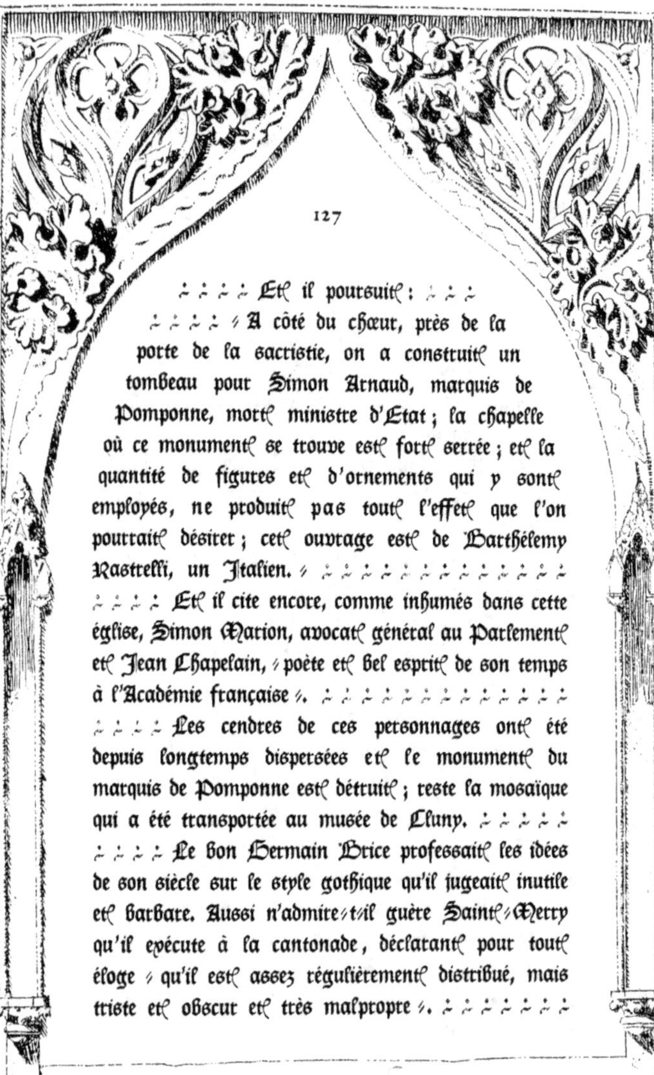

Et il poursuit :

A côté du chœur, près de la porte de la sacristie, on a construit un tombeau pour Simon Arnaud, marquis de Pomponne, mort ministre d'Etat ; la chapelle où ce monument se trouve est fort serrée ; et la quantité de figures et d'ornements qui y sont employés, ne produit pas tout l'effet que l'on pourrait désirer ; cet ouvrage est de Barthélemy Rastrelli, un Italien.

Et il cite encore, comme inhumés dans cette église, Simon Marion, avocat général au Parlement et Jean Chapelain, poète et bel esprit de son temps à l'Académie française.

Les cendres de ces personnages ont été depuis longtemps dispersées et le monument du marquis de Pomponne est détruit ; reste la mosaïque qui a été transportée au musée de Cluny.

Le bon Germain Brice professait les idées de son siècle sur le style gothique qu'il jugeait inutile et barbare. Aussi n'admire-t-il guère Saint-Merry qu'il exécute à la cantonade, déclarant pour tout éloge qu'il est assez régulièrement distribué, mais triste et obscur et très malpropre.

Venons-en maintenant à l'église même, telle qu'elle existe de nos jours. La description de la plupart de ses chapelles serait nulle ; les fresques qui couvrent les murs disparaissent dans l'obscurité, se voient à peine ; mais il ne faut pas regretter la prudence de cet éclairage, car il dissimule des œuvres qui ne nous apporteraient, au point de vue de la piété et de l'art, aucune aise. Les fresques de Chassériau qui parent l'oratoire de sainte Marie l'Égyptienne, sont molles et poussives ; elles ont été exécutées ainsi qu'un devoir commandé, sans plaisir. Quant aux autres panneaux plus visibles, tels que la Vierge bleue de Van Loo et la grande bâche de Marie Belle, — le sacrifice de réparation pour la profanation des saintes Espèces volées dans l'église —, elles gagneraient à s'effacer dans une bienheureuse pénombre, car cette Vierge est tiède et pourléchée et l'ouvrage de Belle, trempé dans la sauce d'une blanquette de veau, est, avec ses figures efforcées de prêtres à genoux, tendant la main vers une hostie et un ciboire renversé sur le sol, d'un dramatique pompeux et facile ; c'est du mélo de sacristie, de la sacerdotaille d'art.

. . . . . En tout, trois objets, deux tableaux et un antique bénitier valent qu'on s'en occupe ; ils sont les seules pièces qui arrêtent, dans ce musée. . .

. . . . . Le premier de ces tableaux est un portrait de Madame Acarie, placé au-dessus de l'autel qui lui est dédié sous le nom de la bienheureuse Marie de l'Incarnation. Le portrait daté du dix-huitième siècle et dont l'auteur est inconnu resplendit au milieu des fades peintures de Cornu qui l'entourent. Cette image d'une femme un peu soufflée, au teint rose, vêtu de bure et contemplant une minuscule sainte Thérèse, apparue dans l'ovale rayonnant d'une auréole, nous rappelle que la fondatrice des Carmélites en France fut baptisée en cette église, le 2 février 1566. Elle fréquenta Saint-Merry pendant toute son enfance, mais après son mariage, elle n'y vint plus régulièrement, car elle habita rue des Juifs, et son biographe Boucher nous apprend ; qu'elle ne connaissait guère d'autre chemin que celui qui conduisait de sa maison à l'église Saint-Gervais, sa paroisse ». . . . .

. . . . . Mais très supérieur au point de vue de l'art, à cette effigie que surtout la misère de ses alentours exalte, est un vieux panneau de Bois peint, accroché à contre-jour, dans une chapelle voisine. Le panneau, qui servait autrefois de devant d'autel, est un spécimen très curieux de la peinture française, italianisée, du seizième siècle.

Il exhibe, assise, une houlette à la main, sainte Geneviève, figurée par une petite princesse, aux cheveux blonds et ondés qui fait plus songer, à vrai dire, à une Diane de Poitiers qu'à une sainte entourée d'un troupeau de moutons parqués dans un champ cerclé de pierres plantées droites en terre, comme des dolmens Bretons, et un chien noir, debout, les pattes sur ses genoux, quête une caresse, tandis qu'elle lit ses prières, dans un livre.

Au second plan, sur un fond de paysage dont les feuillages persillés et les donjons d'une ville s'enlèvent sur un ciel couleur de bistre, deux hommes courent après une femme, la sainte sans doute ; mais sa biographie ne nous fournit pas l'explication bien claire de cette scène. Toujours est-il que cette œuvre un peu frêle est avenante et qu'elle mériterait d'être exposée de telle sorte qu'on pût, sans être obligé d'allumer un cierge, la voir.

L'on pourrait faire la
même réflexion à propos du bénitier,
qui s'examine malaisément dans l'ombre.
Le bénitier, en pierre blanche, du temps de
Louis XII, porte les armes de France et de
Bretagne, alliées aux insignes de la Passion ; les
sculptures sont encore vivaces, dans leur relief
cendré par la poudre des âges.

Reste enfin la crypte dans laquelle on
descend par un escalier de quinze marches ; une bouffée
de cave vous saute au visage quand on y entre. On
vacille dans l'obscurité et c'est à peine si le cierge
qui vous guide vous laisse entrevoir une voûte basse
à nervures retombant sur une colonne centrale ; les
clefs sont sculptées de rosaces et les chapiteaux sont
fleuris de vigne. Malheureusement tout est retapé
et les murs, entre les colonnes de pierre qui s'y
engagent, sont en fonte peinte, imitant des plis de
rideaux ; pourquoi ce blindage de coffre-fort ?

Cette cave, dans laquelle on processionne, le
jour de la fête de Saint-Merry, contient des autels
de rebut, une vieille châsse requinquée de cuivre, une
statue de la Vierge de la fin du dix-huitième siècle
posée, dans un coin, par terre. Le seul objet valable

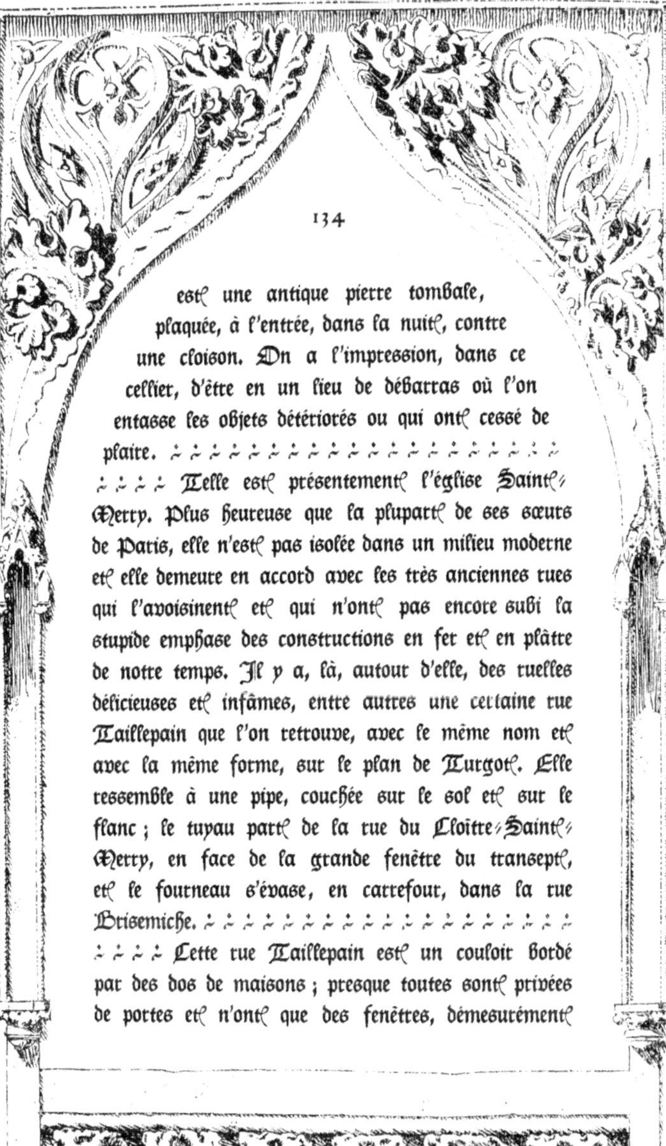

est une antique pierre tombale,
plaquée, à l'entrée, dans la nuit, contre
une cloison. On a l'impression, dans ce
cellier, d'être en un lieu de débarras où l'on
entasse les objets détériorés ou qui ont cessé de
plaire.

Telle est présentement l'église Saint-
Merry. Plus heureuse que la plupart de ses sœurs
de Paris, elle n'est pas isolée dans un milieu moderne
et elle demeure en accord avec les très anciennes rues
qui l'avoisinent et qui n'ont pas encore subi la
stupide emphase des constructions en fer et en plâtre
de notre temps. Il y a, là, autour d'elle, des ruelles
délicieuses et infâmes, entre autres une certaine rue
Taillepain que l'on retrouve, avec le même nom et
avec la même forme, sur le plan de Turgot. Elle
ressemble à une pipe, couchée sur le sol et sur le
flanc ; le tuyau part de la rue du Cloître-Saint-
Merry, en face de la grande fenêtre du transept,
et le fourneau s'évase, en carrefour, dans la rue
Brisemiche.

Cette rue Taillepain est un couloir bordé
par des dos de maisons ; presque toutes sont privées
de portes et n'ont que des fenêtres, démesurément

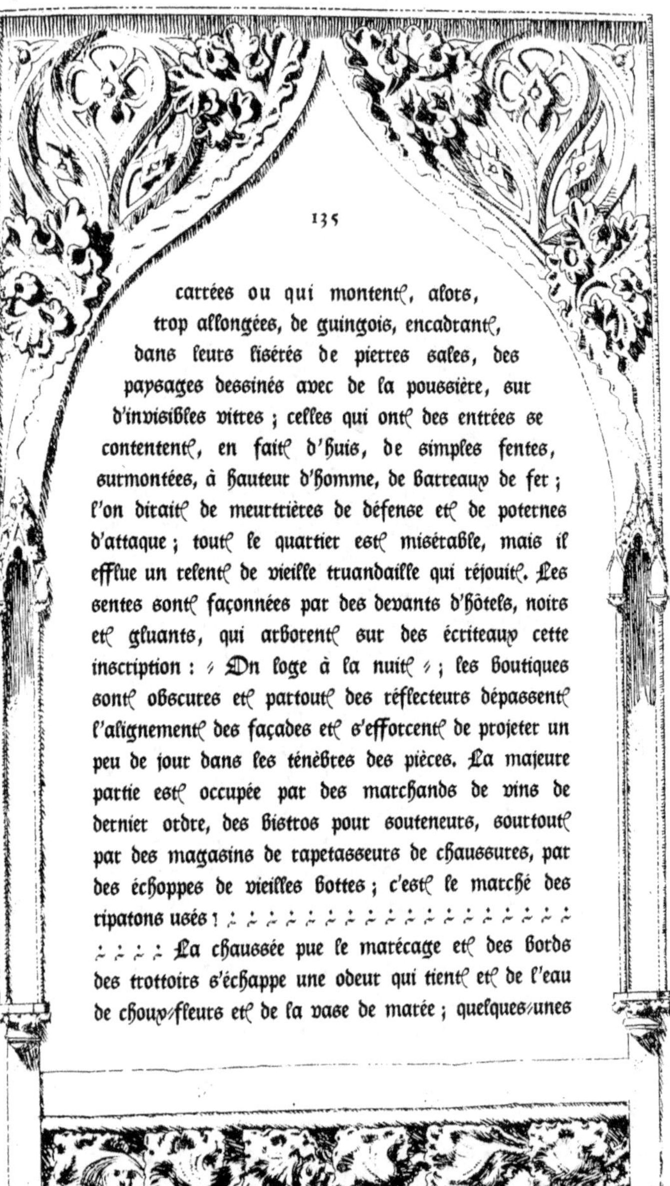

carrées ou qui montent, alors,
trop allongées, de guingois, encadrant,
dans leurs lisérés de pierres sales, des
paysages dessinés avec de la poussière, sur
d'invisibles vitres ; celles qui ont des entrées se
contentent, en fait d'huis, de simples fentes,
surmontées, à hauteur d'homme, de barreaux de fer ;
l'on dirait de meurtrières de défense et de poternes
d'attaque ; tout le quartier est misérable, mais il
efflue un relent de vieille truandaille qui réjouit. Les
sentes sont façonnées par des devants d'hôtels, noirs
et gluants, qui arborent sur des écriteaux cette
inscription : « On loge à la nuit » ; les boutiques
sont obscures et partout des réflecteurs dépassent
l'alignement des façades et s'efforcent de projeter un
peu de jour dans les ténèbres des pièces. La majeure
partie est occupée par des marchands de vins de
dernier ordre, des bistros pour souteneurs, sourtout
par des magasins de rapetasseurs de chaussures, par
des échoppes de vieilles bottes ; c'est le marché des
ripatons usés ! . . . .
. . . . . La chaussée pue le marécage et des bords
des trottoirs s'échappe une odeur qui tient et de l'eau
de choux-fleurs et de la vase de marée ; quelques-unes

de ces ruelles dont ni le nom, ni
l'aspect, n'ont, depuis des siècles, changé,
paraissent pourtant s'être à la longue
désinfectées ; telle cette rue de Venise dont le
bas jadis s'ouvrait en des boutiques qui étaient
à la fois des taudis et des remises ; l'on y aper-
cevait, dans la pénombre, un lit avec un thomas
dessous et une dame centenaire, assise sur une chaise
de paille, qui déterminait, par l'effort d'un engageant
sourire, de profondes crevasses dans le plâtre mollet
de sa face. Maintenant ces bouges appartiennent à
des négociants des Halles qui les ont mués en des
resserres de légumes et de fruits ; en pleine rue, l'on
y déballe des caisses et l'on y remplit des mannes.
. . . . Les étonnantes fenestrières qui habitèrent ces
clapiers sont désormais éparses dans toutes les rues
avoisinantes, ainsi que les juifs qui s'y livrent, eux
aussi, au commerce des déchets. Ils pullulaient
autrefois dans cette paroisse, dans cette rue des Juifs
où demeura au seizième siècle Madame Acarie et ils
avaient même, rue de la Tâcherie, une synagogue.
. . . . Ce fut dans l'une des rues de leur refuge, la
rue des Billettes, qu'eut lieu, en 1290, le fameux
miracle d'une hostie qui, après avoir été prise dans

l'église de Saint-Merry, fut lardée de coups de couteau et ébouillantée par l'Israélite Jonathas ; cette hostie qui voltigea, sanglante, dans la chambre, fut recueillie par une femme chrétienne qui l'apporta au Curé de l'église Saint-Jean-en-Grève, où elle fut l'objet de pèlerinages auxquels la Révolution mit fin.

A l'heure présente, on célèbre encore un triduum et un office de réparation de ce sacrilège dans l'église Saint-Jean-Saint-François, qui a remplacé Saint-Jean-en-Grève, démoli en 1800, et dont une chapelle, retapée de fond en comble, exista jusqu'aux incendies de 1871 sous le nom de salle Saint-Jean, dans les bâtiments de l'Hôtel de Ville.

Pour en revenir à Saint-Merry, son clergé, plus heureux maintenant que celui du moyen âge, n'a plus maille à partir avec les filles follieuses et les ruffians. Les rues de cette paroisse étaient de celles que nos pères appelaient des rues-chaudes et mal famées-et d'interminables procès furent soutenus par le chapitre de Saint-Merry contre les tenanciers de ses bouges. Dans son histoire de Paris, Félibien note un arrêt du 24 janvier 1388 aux termes duquel le

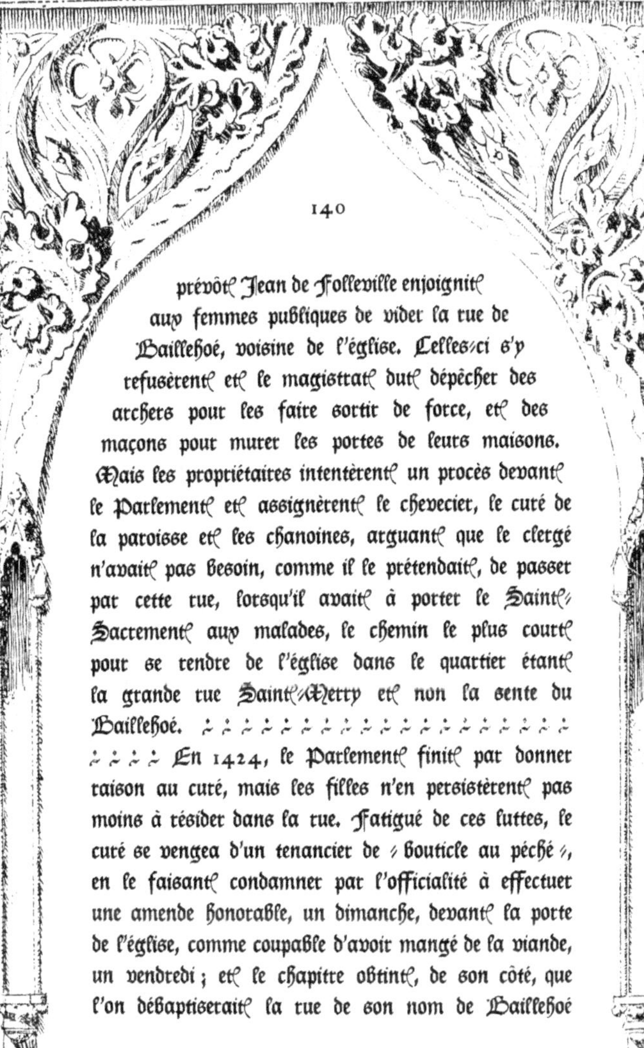

prévôt Jean de Folleville enjoignit
aux femmes publiques de vider la rue de
Baillehoé, voisine de l'église. Celles-ci s'y
refusèrent et le magistrat dut dépêcher des
archers pour les faire sortir de force, et des
maçons pour murer les portes de leurs maisons.
Mais les propriétaires intentèrent un procès devant
le Parlement et assignèrent le chevecier, le curé de
la paroisse et les chanoines, arguant que le clergé
n'avait pas besoin, comme il le prétendait, de passer
par cette rue, lorsqu'il avait à porter le Saint-
Sacrement aux malades, le chemin le plus court
pour se rendre de l'église dans le quartier étant
la grande rue Saint-Merry et non la sente du
Baillehoé. ⸱ ⸱ ⸱ ⸱ ⸱ ⸱ ⸱ ⸱ ⸱ ⸱ ⸱ ⸱ ⸱ ⸱ ⸱ ⸱ ⸱
⸱ ⸱ ⸱ ⸱ En 1424, le Parlement finit par donner
raison au curé, mais les filles n'en persistèrent pas
moins à résider dans la rue. Fatigué de ces luttes, le
curé se vengea d'un tenancier de « bouticle au péché »,
en le faisant condamner par l'officialité à effectuer
une amende honorable, un dimanche, devant la porte
de l'église, comme coupable d'avoir mangé de la viande,
un vendredi ; et le chapitre obtint, de son côté, que
l'on débaptiserait la rue de son nom de Baillehoé

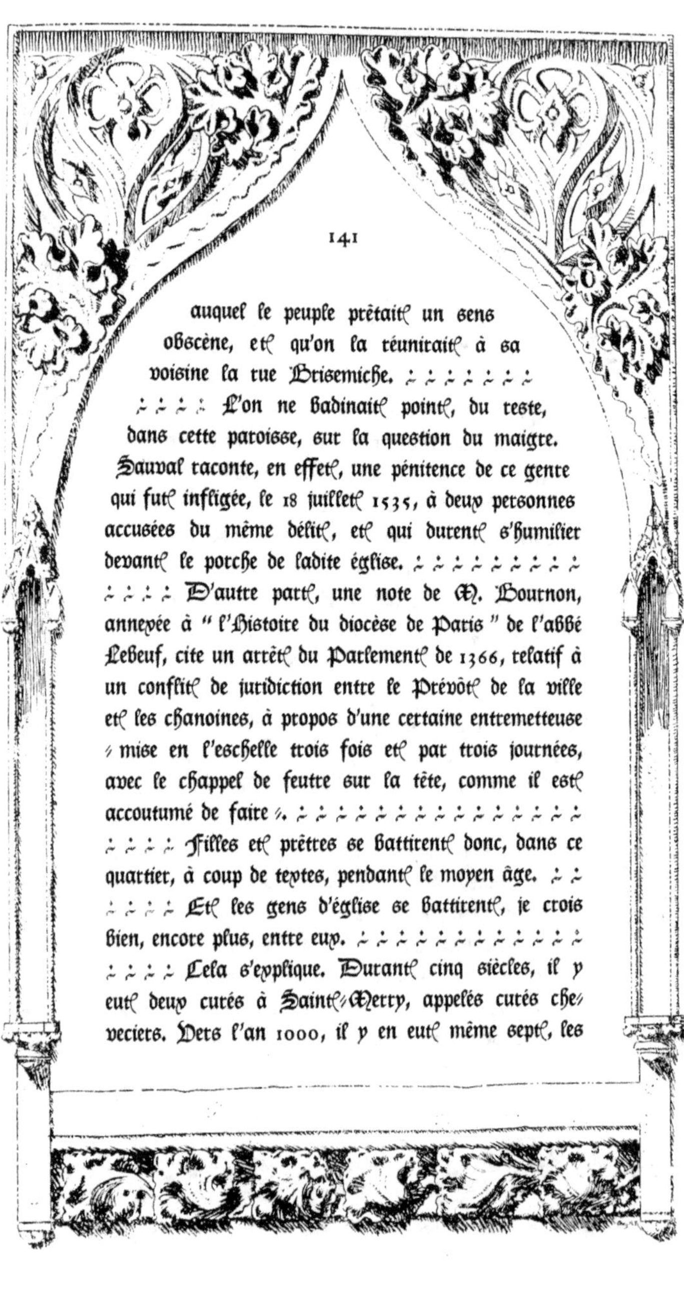

auquel le peuple prêtait un sens
obscène, et qu'on la réunirait à sa
voisine la rue Brisemiche. ~ ~ ~ ~ ~ ~ ~

~ ~ ~ ~ L'on ne badinait point, du reste,
dans cette paroisse, sur la question du maigre.
Sauval raconte, en effet, une pénitence de ce genre
qui fut infligée, le 18 juillet 1535, à deux personnes
accusées du même délit, et qui durent s'humilier
devant le porche de ladite église. ~ ~ ~ ~ ~ ~ ~ ~

~ ~ ~ ~ D'autre part, une note de M. Bournon,
annexée à " l'Histoire du diocèse de Paris " de l'abbé
Lebeuf, cite un arrêt du Parlement de 1366, relatif à
un conflit de juridiction entre le Prévôt de la ville
et les chanoines, à propos d'une certaine entremetteuse
« mise en l'eschelle trois fois et par trois journées,
avec le chappel de feutre sur la tête, comme il est
accoutumé de faire ». ~ ~ ~ ~ ~ ~ ~ ~ ~ ~ ~ ~ ~

~ ~ ~ ~ Filles et prêtres se battirent donc, dans ce
quartier, à coup de textes, pendant le moyen âge. ~ ~

~ ~ ~ ~ Et les gens d'église se battirent, je crois
bien, encore plus, entre eux. ~ ~ ~ ~ ~ ~ ~ ~ ~ ~

~ ~ ~ ~ Cela s'explique. Durant cinq siècles, il y
eut deux curés à Saint-Merry, appelés curés cheveciers. Vers l'an 1000, il y en eut même sept, les

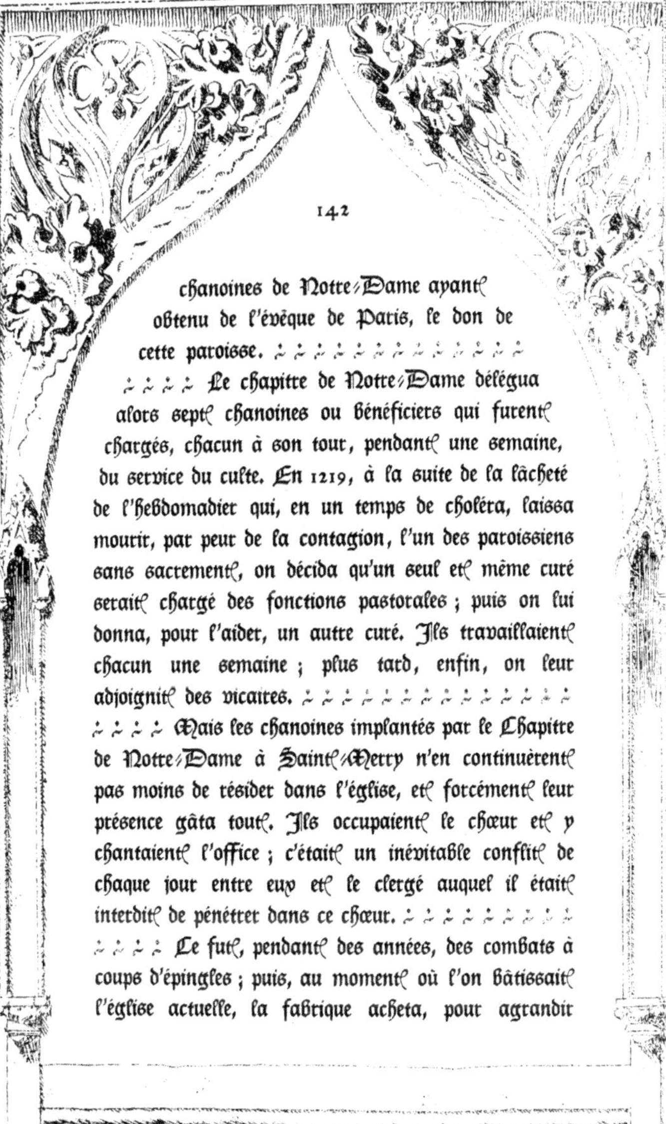

chanoines de Notre-Dame ayant
obtenu de l'évêque de Paris, le don de
cette paroisse. ⁓ ⁓ ⁓ ⁓ ⁓ ⁓ ⁓ ⁓ ⁓ ⁓ ⁓
⁓ ⁓ ⁓ Le chapitre de Notre-Dame délégua
alors sept chanoines ou bénéficiers qui furent
chargés, chacun à son tour, pendant une semaine,
du service du culte. En 1219, à la suite de la lâcheté
de l'hebdomadier qui, en un temps de choléra, laissa
mourir, par peur de la contagion, l'un des paroissiens
sans sacrement, on décida qu'un seul et même curé
serait chargé des fonctions pastorales ; puis on lui
donna, pour l'aider, un autre curé. Ils travaillaient
chacun une semaine ; plus tard, enfin, on leur
adjoignit des vicaires. ⁓ ⁓ ⁓ ⁓ ⁓ ⁓ ⁓ ⁓ ⁓ ⁓ ⁓
⁓ ⁓ ⁓ Mais les chanoines implantés par le Chapitre
de Notre-Dame à Saint-Merry n'en continuèrent
pas moins de résider dans l'église, et forcément leur
présence gâta tout. Ils occupaient le chœur et y
chantaient l'office ; c'était un inévitable conflit de
chaque jour entre eux et le clergé auquel il était
interdit de pénétrer dans ce chœur. ⁓ ⁓ ⁓ ⁓ ⁓ ⁓ ⁓
⁓ ⁓ ⁓ Ce fut, pendant des années, des combats à
coups d'épingles ; puis, au moment où l'on bâtissait
l'église actuelle, la fabrique acheta, pour agrandir

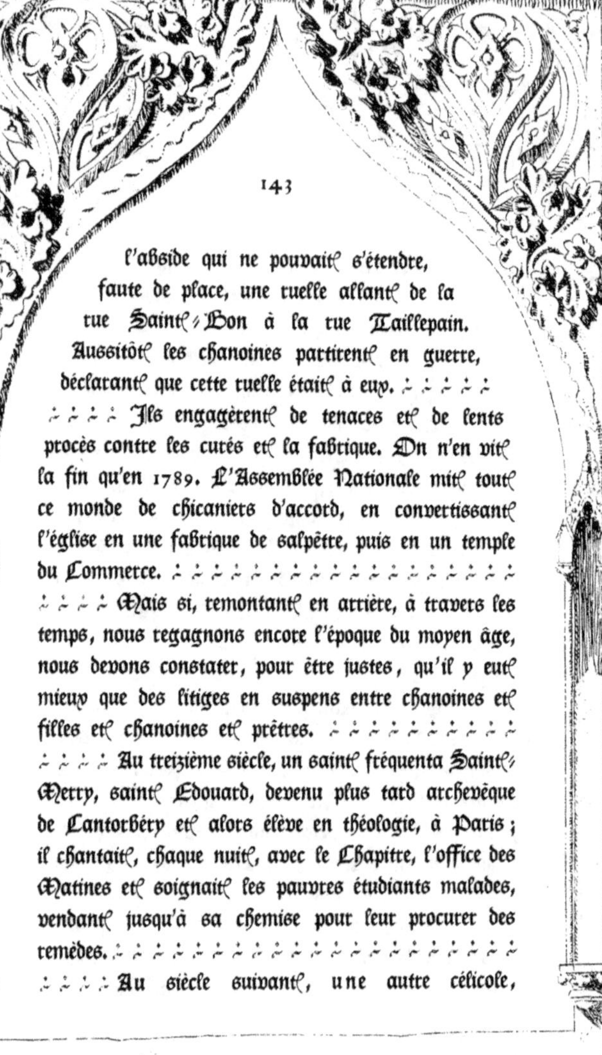

143

l'abside qui ne pouvait s'étendre,
faute de place, une ruelle allant de la
rue Saint-Bon à la rue Taillepain.
Aussitôt les chanoines partirent en guerre,
déclarant que cette ruelle était à eux. . . . .
. . . . Ils engagèrent de tenaces et de lents
procès contre les curés et la fabrique. On n'en vit
la fin qu'en 1789. L'Assemblée Nationale mit tout
ce monde de chicaniers d'accord, en convertissant
l'église en une fabrique de salpêtre, puis en un temple
du Commerce. . . . .
. . . . Mais si, remontant en arrière, à travers les
temps, nous regagnons encore l'époque du moyen âge,
nous devons constater, pour être justes, qu'il y eut
mieux que des litiges en suspens entre chanoines et
filles et chanoines et prêtres. . . . .
. . . . Au treizième siècle, un saint fréquenta Saint-
Merry, saint Edouard, devenu plus tard archevêque
de Cantorbéry et alors élève en théologie, à Paris ;
il chantait, chaque nuit, avec le Chapitre, l'office des
Matines et soignait les pauvres étudiants malades,
vendant jusqu'à sa chemise pour leur procurer des
remèdes. . . . .
. . . . Au siècle suivant, une autre célicole,

Guillemette de la Rochelle, séjourna également près de ce sanctuaire.

Le roi Charles V, qui connaissait la sainteté de sa vie et admirait ses révélations extatiques, voulut qu'elle vînt se fixer dans la capitale et il lui fit faire « un bel oratoire de bois à Sainte-Merry ». Elle y vécut dans le ravissement, soulevée en l'air, souvent de plus de deux pieds ; et l'on pense qu'elle fut, après son trépas, inhumée dans l'église.

Le même roi Charles V instaura aussi, en l'an 1373, une confrérie de laïques de la paroisse, dont le but fut d'honorer plus spécialement la Mère du Sauveur. Cette dévotion se continua et, deux siècles plus tard, nous voyons que le moindre manquement qui se pouvait relever contre le culte de la Madone, était aussitôt réparé.

Lebeuf nous cite, en effet, cet épisode qu'il a lu dans les registres du Parlement de l'année 1530.

Comme il s'était commis des excès sur une image de la sainte Vierge peinte sur une maison proche de l'église, le Parlement ordonna, le 25 mai, que le clergé se rendrait processionnellement à cette

image qui serait repeinte, pour y
chanter les louanges de la Mère de Dieu.

Enfin s'il y eut, pour femmes, des « bouticles au péché », il y eut aussi dans ce quartier, de pieux couvents de nonnes, des couvents aux règles très particulières, tel que celui des Bonnes femmes de Saint-Avoye.

Cette maison avait été fondée en 1283, par Jean Sequence, cheveciet de Saint-Merry et la Veuve Constance de Saint-Jacques, pour y recueillir quarante veuves, pauvres et âgées d'au moins cinquante ans. Elle était située en la rue Saint-Avoye, qui s'est fondue depuis dans le courant de la rue du Temple.

Le monastère était une sorte d'assemblée de béguines, aux ordonnances plus minutieuses et plus serrées ; il réalisait un compromis entre un béguinage et un couvent.

Voici l'existence que l'on menait dans ce petit cloître :

Lever à cinq heures du matin, en été, et en hiver, à six. On commençait par réciter « les heures Notre-Dame, sept psaulmes et litanies et aultres heures de la Passion et du Saint-Esprit ; et les

aultres qui ne savent lyre, n'y
leurs heures, seront tenues dire trois
chappeletz et aultres menus suffrages qu'elles
pourront scavoir. Puis l'on entendait la
messe et après, dit le règlement, vous vous
assemblerez pour assister à la besogne, à tel œuvre
et vacation honneste dont vous pourrez aider et
exerciter. Pendant ce travail opéré en commun, on
faisait, durant l'espace d'une demi-heure, lecture de
quelque bonne histoire de l'Escripture sainte. A dix heures on dînait, l'on se récréait
pendant trente minutes, la cloche tintait et l'on
reprenait le travail jusqu'à l'heure du soupet, c'est-à-
dire jusqu'à cinq heures. Et à neuf heures on sonnait le couvre-feu.
La direction de cet institut était confiée aux
cheveciers de Saint-Merry qui nommaient une
maîtresse révocable à leur gré et une secrétaire plus
spécialement chargée de l'entretien de la chapelle.
La fondation de Saint-Avoye prospéra, puis
déchut. En 1621, les bonnes femmes renoncèrent à
leurs prérogatives ; elles firent don de leur monastère
aux Ursulines de la rue Saint-Jacques et elles s'y

incorporèrent, sous la règle de cet ordre, acceptant toutefois de rester sous la juridiction du curé de Saint-Merry et lui présentant, à l'église, en offrande, le jour de la fête de ce saint, chaque année · un cierge d'une livre auquel était attaché un écu d'or ».

Les derniers vestiges de ce couvent ont disparu en 1838, lors du percement de la rue Rambuteau.

Appartenaient encore au territoire de Saint-Merry, tel que le limite Lebeuf, la chapelle et l'hôpital de Saint-Julien des Ménétriers dont la façade s'ouvrait sur la rue Saint-Martin et dont le vaisseau s'étendait le long de la rue du Maure. Ils furent fondés au quatorzième siècle, pour abriter et soigner les pauvres ménétriers en détresse dans la ville, par deux musiciens, lesquels, nous raconte du Breul dans son "Théâtre des Antiquités de Paris" · s'entr'aimaient et étaient toujours ensemble. Si un était de Lombardie et avait nom Jacques Grave de Pistoye, autrement dit Lappe ; l'autre était de Lorraine et avait nom Huet, le guette du Palais du Roy ».

Les deux bâtiments furent dédiés à saint

Julien, protecteur des voyageurs, et à saint Genès, mime chrétien, martyrisé sous le règne de Dioclétien et patron des ménétriers. Terminée et livrée au culte, en 1335, la chapelle ne fut jamais que la très humble vassale de Saint-Merry, car les chapelains, institués pour la desservir, ne pouvaient administrer aucun sacrement sans la permission du curé de la paroisse. Cette situation dura jusqu'au moment où, sur les instances d'Anne d'Autriche, l'archevêque de Paris décida de remplacer ces chapelains par des Pères de la doctrine chrétienne ; les ménétriers, qui tenaient à leurs prêtres, s'insurgèrent et entamèrent contre les nouveaux venus une série de procès qu'ils finirent par gagner ; mais bientôt ils eurent à se débattre dans une plus menaçante aventure. Un ordre de Louis XVI ayant prescrit, en 1781, la fermeture du cimetière des Saints-Innocents qui était le lieu de sépulture des fidèles de Saint-Merry, le curé et le chapitre de cette église voulurent enterrer leurs morts sous le pavé de la nef de Saint-Julien et, à force d'intrigues, ils déterminèrent le roi à convertir, pour leur usage, ce sanctuaire en un charnier.

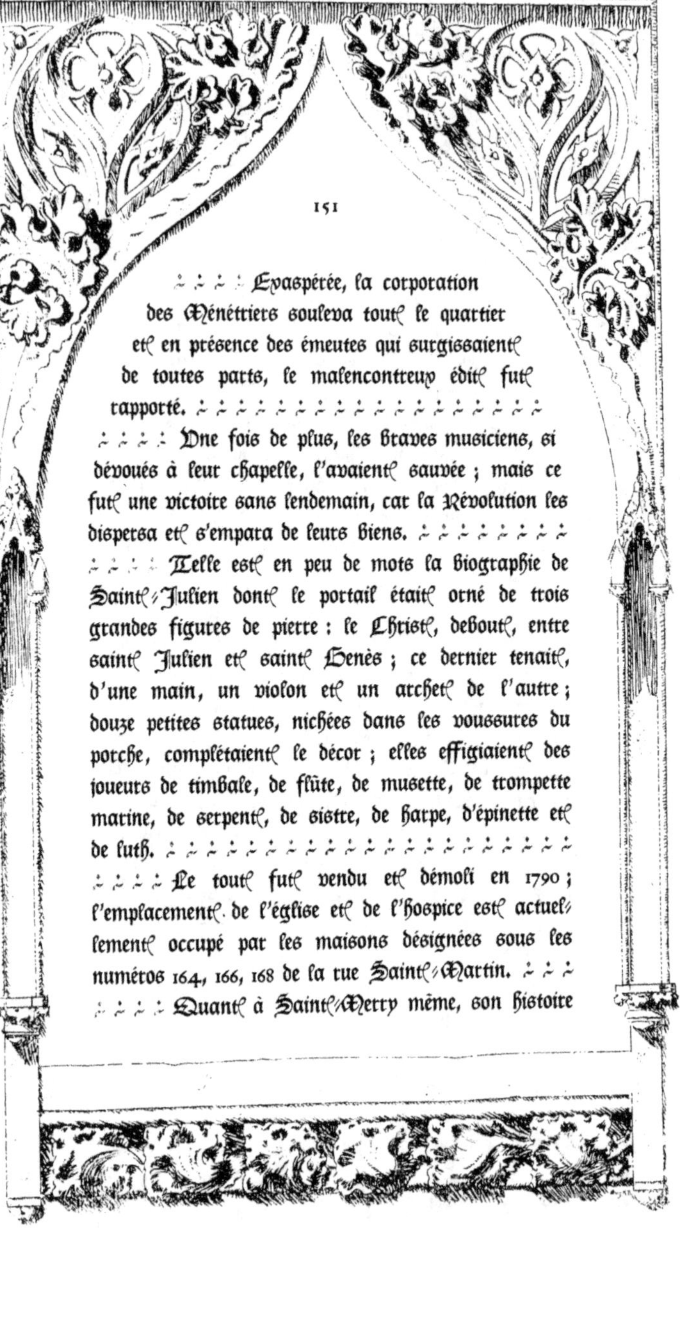

. . . . Exaspérée, la corporation des Ménétriers souleva tout le quartier et en présence des émeutes qui surgissaient de toutes parts, le malencontreux édit fut rapporté. . . . .

. . . . Une fois de plus, les braves musiciens, si dévoués à leur chapelle, l'avaient sauvée ; mais ce fut une victoire sans lendemain, car la Révolution les dispersa et s'empara de leurs biens. . . . .

. . . . Telle est en peu de mots la biographie de Saint-Julien dont le portail était orné de trois grandes figures de pierre : le Christ, debout, entre saint Julien et saint Genès ; ce dernier tenait, d'une main, un violon et un archet de l'autre ; douze petites statues, nichées dans les voussures du porche, complétaient le décor ; elles effigiaient des joueurs de timbale, de flûte, de musette, de trompette marine, de serpent, de sistre, de harpe, d'épinette et de luth. . . . .

. . . . Le tout fut vendu et démoli en 1790 ; l'emplacement de l'église et de l'hospice est actuellement occupé par les maisons désignées sous les numéros 164, 166, 168 de la rue Saint-Martin. . . .

. . . . Quant à Saint-Merry même, son histoire

se confond pendant les époques qui suivirent le moyen âge avec celle des autres quartiers de Paris ; elle ne présente pas du moins de faits bien personnels et qui méritent d'être notés. Après avoir cité, pour mémoire, le vacarme nocturne de la taverne de " l'Épée royale " qui, avant d'avoir sous la Régence servi de coupe-gorge au Comte de Horn, en mal d'argent, hébergea au dix-septième siècle les poètes crottés et fut l'un des cabarets littéraires à la mode de ce temps, il nous faut atteindre les mois de juin 1832 et de février 1848 pour discerner le nouvel et très spécial aspect que prennent ses rues. En raison même de la sinueuse étroitesse de leurs lacis, elles étaient faciles à défendre et les émeutiers y dressèrent ces persévérantes barricades dont l'assaut a été magnifié par V. Hugo, dans des pages superbes des " Misérables ". Il en fut de même en 1871 ; l'église, le presbytère, leurs caves surtout, avaient été dévalisés par les soins du sieur Froissard, dit Court-en-Cuisses, commissaire de la commune ; le culte était interrompu ; le 24 mai, alors que l'insurection était à peu près vaincue, les fédérés et les Vengeurs de

Flourens se précipitèrent dans l'église, ivres de fureur et fous de vin.

Ils résolurent d'incendier la nef; pour sauver l'église, les habitants y apportèrent les gardes nationaux blessés que l'on soignait dans les maisons voisines. Ils n'en continuèrent pas moins d'enduire les murs de pétrole et ils allaient y mettre le feu, quand un bataillon du vingtième chasseurs arriva au pas de course et tua la plupart de ces brutes.

Saint-Merry avait, au demeurant, peu souffert. Il fut vite réparé et remis en l'état où nous le voyons actuellement. Il est, à vrai dire, pendant la semaine, bien désert, car c'est à peine si quelques sœurs, si quelques bonnes femmes viennent égrener leurs patenôtres devant le Saint-Sacrement.

On pourrait croire que la piété y est nulle. Il n'en est rien pourtant.

Cette paroisse a gardé une vie religieuse, sourde, dont on peut surprendre l'éclosion, le dimanche, et, l'une des seules de Paris maintenant, elle conserve une institution laïque qui est un des précieux reliefs du rit Gallican, l'œuvre des Clercs de Saint-Merry.

Dans une très intéressante brochure sur

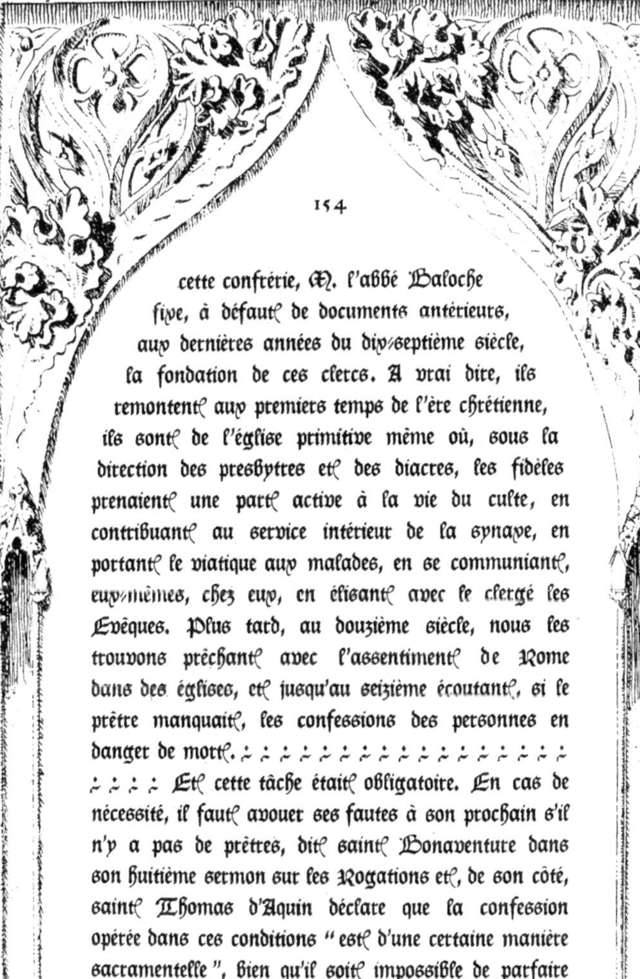

cette confrérie, M. l'abbé Baloche
situe, à défaut de documents antérieurs,
aux dernières années du dix-septième siècle,
la fondation de ces clercs. A vrai dire, ils
remontent aux premiers temps de l'ère chrétienne,
ils sont de l'église primitive même où, sous la
direction des presbytres et des diacres, les fidèles
prenaient une part active à la vie du culte, en
contribuant au service intérieur de la synaxe, en
portant le viatique aux malades, en se communiant,
eux-mêmes, chez eux, en élisant avec le clergé les
Évêques. Plus tard, au douzième siècle, nous les
trouvons prêchant avec l'assentiment de Rome
dans des églises, et jusqu'au seizième écoutant, si le
prêtre manquait, les confessions des personnes en
danger de mort. :.:.:.:.:.:.:.:.:.:.:.:.
:.:.:.: Et cette tâche était obligatoire. En cas de
nécessité, il faut avouer ses fautes à son prochain s'il
n'y a pas de prêtres, dit saint Bonaventure dans
son huitième sermon sur les Rogations et, de son côté,
saint Thomas d'Aquin déclare que la confession
opérée dans ces conditions "est d'une certaine manière
sacramentelle", bien qu'il soit impossible de parfaire
le sacrement à cause de l'absence du ministre qui

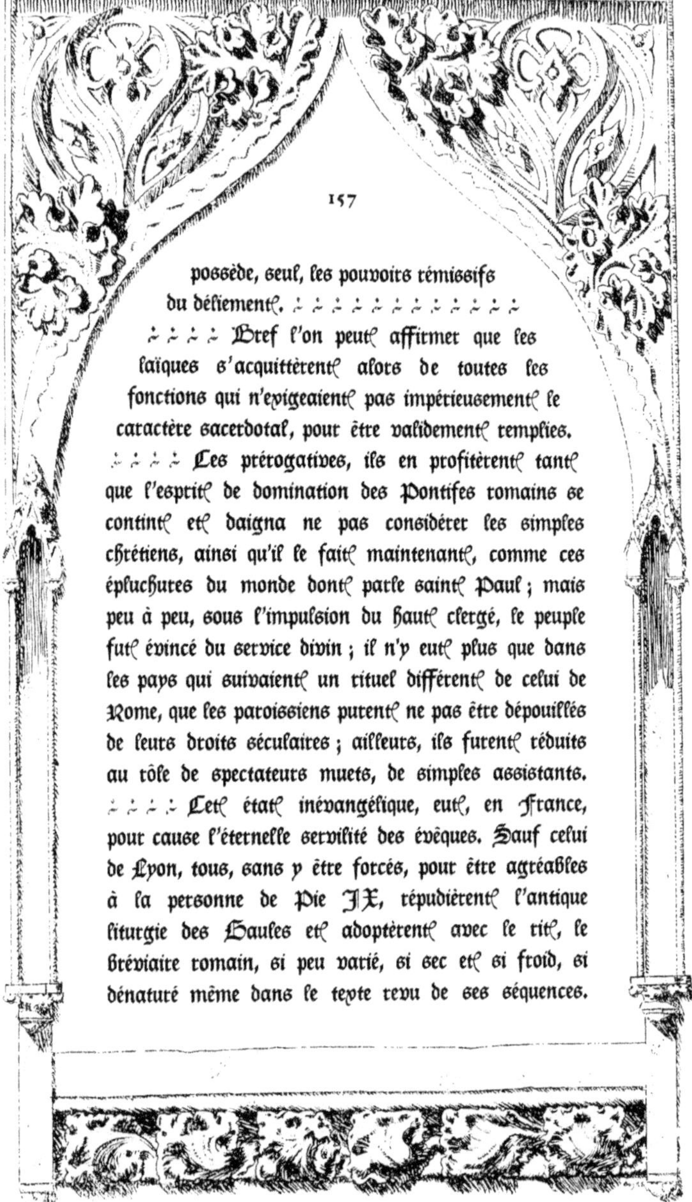

possède, seul, les pouvoirs rémissifs
du déliement. ~ ~ ~ ~ ~ ~ ~ ~ ~ ~ ~

~ ~ ~ ~ Bref l'on peut affirmer que les
laïques s'acquittèrent alors de toutes les
fonctions qui n'exigeaient pas impérieusement le
caractère sacerdotal, pour être validement remplies.

~ ~ ~ ~ Ces prérogatives, ils en profitèrent tant
que l'esprit de domination des Pontifes romains se
contint et daigna ne pas considérer les simples
chrétiens, ainsi qu'il le fait maintenant, comme ces
épluchures du monde dont parle saint Paul ; mais
peu à peu, sous l'impulsion du haut clergé, le peuple
fut évincé du service divin ; il n'y eut plus que dans
les pays qui suivaient un rituel différent de celui de
Rome, que les paroissiens purent ne pas être dépouillés
de leurs droits séculaires ; ailleurs, ils furent réduits
au rôle de spectateurs muets, de simples assistants.

~ ~ ~ ~ Cet état inévangélique, eut, en France,
pour cause l'éternelle servilité des évêques. Sauf celui
de Lyon, tous, sans y être forcés, pour être agréables
à la personne de Pie IX, répudièrent l'antique
liturgie des Gaules et adoptèrent avec le rit, le
bréviaire romain, si peu varié, si sec et si froid, si
dénaturé même dans le texte revu de ses séquences.

. . . . Sur leurs ordres, l'on attacha des antiphonaires la flore mys‑ tique de très vieux plants ; l'on extirpa, pour les jeter dans le fumier de l'oubli, ces mer‑ veilleuses gerbes, où s'épanouissaient, les jours de grandes fêtes, les ingénieuses hymnes d'Hilaire de Poitiers, de Prudence et de Fortunat, les proses magnifiques d'Adam de Saint‑Victor, les admirables répons célébrant la Nativité de la Vierge, de Fulbert de Chartres. . . . .

. . . . Ce fut l'ovation du jardin bourgeois, le triomphe, sur toute la ligne, du géranium liturgique !

. . . . Ainsi que je l'écrivais naguère, dans "l'Oblat", les prélats français détruisirent alors l'œuvre des artistes indigènes, brûlèrent en quelque sorte leurs primitifs. . . . .

. . . . Il n'est pas douteux que les bréviaires gallicans, le Parisien surtout, n'eussent besoin de réformes. Dom Guéranger avait signalé très juste‑ ment leurs défauts, leur manque de piété même. Et de fait, manié et remanié par les Harlay, les Noailles, les Vintimille, le bréviaire de Paris sentait le Jansé‑ nisme à plein nez ; il pouvait beaucoup moins servir aux catholiques qu'aux ‑ appelants ‑.

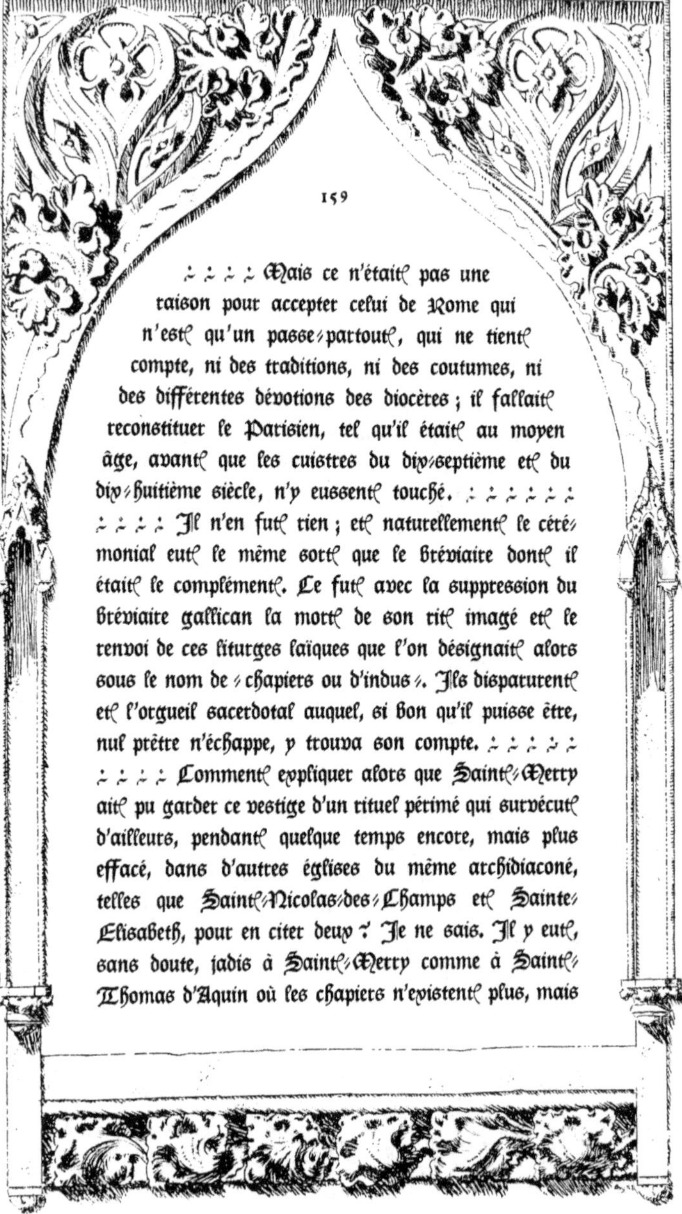

⁘ ⁘ Mais ce n'était pas une
raison pour accepter celui de Rome qui
n'est qu'un passe-partout, qui ne tient
compte, ni des traditions, ni des coutumes, ni
des différentes dévotions des diocèses ; il fallait
reconstituer le Parisien, tel qu'il était au moyen
âge, avant que les cuistres du dix-septième et du
dix-huitième siècle, n'y eussent touché. ⁘ ⁘ ⁘
⁘ ⁘ Il n'en fut rien ; et naturellement le céré-
monial eut le même sort que le bréviaire dont il
était le complément. Ce fut avec la suppression du
bréviaire gallican la mort de son rit imagé et le
renvoi de ces liturges laïques que l'on désignait alors
sous le nom de « chapiers ou d'indus ». Ils disparurent
et l'orgueil sacerdotal auquel, si bon qu'il puisse être,
nul prêtre n'échappe, y trouva son compte. ⁘ ⁘ ⁘
⁘ ⁘ ⁘ Comment expliquer alors que Saint-Merry
ait pu garder ce vestige d'un rituel périmé qui survécut
d'ailleurs, pendant quelque temps encore, mais plus
effacé, dans d'autres églises du même archidiaconé,
telles que Saint-Nicolas-des-Champs et Sainte-
Elisabeth, pour en citer deux ? Je ne sais. Il y eut,
sans doute, jadis à Saint-Merry comme à Saint-
Thomas d'Aquin où les chapiers n'existent plus, mais

où l'on chante encore, pendant la Semaine-Sainte, l'antique prose de l'ancien Parisien, « Le Languentibus in purgatorio » un curé, épris des doctrines galli-canes, et qui sauva, de sa propre autorité, quelques débris des coutumes usitées dans son église. Et par désir de ne rien innover, par crainte de mécontenter les paroissiens, par ignorance peut-être, leurs successeurs ont laissé les choses en l'état et nous en profitons. Mais en quoi consiste, au juste, le rôle réservé, dans leur sanctuaire, aux clercs de Saint-Merry ? Ils font office d'acolytes, de thuriféraires, de cérémoniaires ; ils remplissent les fonctions de diacres d'honneur aux grand'messes ; ils arborent donc la chape et quand ils n'officient pas, ils revêtent dans le chœur la soutane vermillon, la grande aube blanche et la ceinture cerise. Leur but, déclarent les statuts de l'œuvre, est « de contribuer à la gloire de Dieu et aux pompes du culte divin : premièrement par l'exactitude à assister aux offices, deuxièmement par la bonne tenue, le recueillement et la piété au chœur ». Et l'article III prescrit : « Les clercs

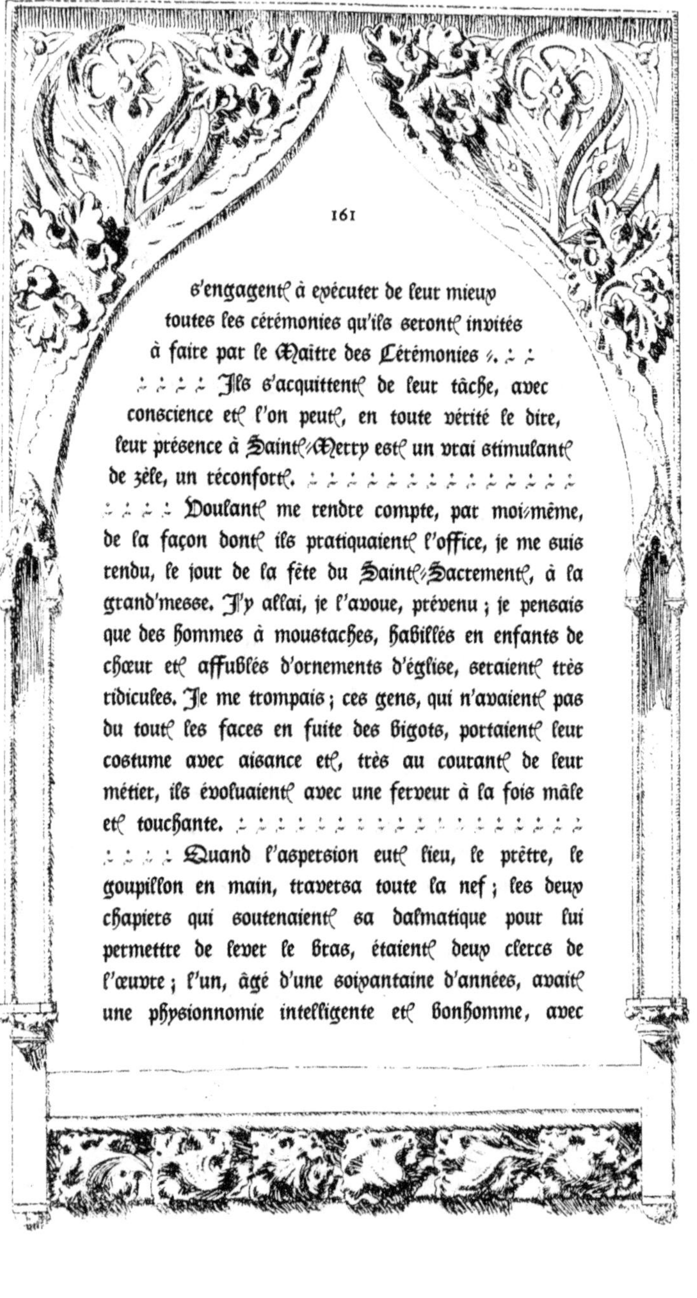

s'engagent à exécuter de leur mieux
toutes les cérémonies qu'ils seront invités
à faire par le Maître des Cérémonies ≁.≁.≁.
≁.≁.≁.≁. Ils s'acquittent de leur tâche, avec
conscience et l'on peut, en toute vérité le dire,
leur présence à Saint-Merry est un vrai stimulant
de zèle, un réconfort. ≁.≁.≁.≁.≁.≁.≁.≁.≁.≁.≁.≁.
≁.≁.≁.≁. Voulant me rendre compte, par moi-même,
de la façon dont ils pratiquaient l'office, je me suis
rendu, le jour de la fête du Saint-Sacrement, à la
grand'messe. J'y allai, je l'avoue, prévenu ; je pensais
que des hommes à moustaches, habillés en enfants de
chœur et affublés d'ornements d'église, seraient très
ridicules. Je me trompais ; ces gens, qui n'avaient pas
du tout les faces en fuite des bigots, portaient leur
costume avec aisance et, très au courant de leur
métier, ils évoluaient avec une ferveur à la fois mâle
et touchante. ≁.≁.≁.≁.≁.≁.≁.≁.≁.≁.≁.≁.≁.≁.
≁.≁.≁.≁. Quand l'aspersion eut lieu, le prêtre, le
goupillon en main, traversa toute la nef ; les deux
chapiers qui soutenaient sa dalmatique pour lui
permettre de lever le bras, étaient deux clercs de
l'œuvre ; l'un, âgé d'une soixantaine d'années, avait
une physionnomie intelligente et bonhomme, avec

des traits un peu épaissis et une
moustache grise ; l'autre, plus jeune, et
très grand, figurait assez bien un reître de
la Renaissance, avec ses cheveux débordant en
boucles sur le front, son nez busqué et sa
moustache rousse. Vêtus de grandes chapes d'or,
ils manœuvraient sans aucune gêne, comme aussi
sans aucune pose, dans l'allée enserrée par des rangs
de chaises, très attentifs à éviter tout faux pas au
célébrant ; puis, lorsque la messe commença, ils se
tinrent derrière le diacre et le sous-diacre prêtres,
remplissant leur devoir de liturges, avec une précision
et un respect que dans d'autres églises, certains
membres du clergé ignorent. ﹒ ﹒ ﹒ ﹒ ﹒ ﹒ ﹒ ﹒ ﹒
﹒ ﹒ ﹒ Elle était vraiment louable cette grand'
messe. On y chanta, en plain-chant, l'Introït, le
le Kyrie Eleison, le Gloria, le Lauda Sion, le Credo,
le Sanctus et l'Agnus Dei ; malheureusement, ici, de
même que dans beaucoup de sanctuaires de Paris, l'on
escamota le Graduel, l'Offertoire et la Communion,
plus difficiles à chanter ; mais enfin il n'y eut pas de
pétarades musicales modernes ; grâces en soient
rendues au maître de chapelle et au curé ! ﹒ ﹒ ﹒ ﹒
﹒ ﹒ ﹒ ﹒ Et ce que l'on pouvait se croire, loin de

Paris, dans cette vieille église de la rue Saint-Martin, peuplée de petits négociants dont la piété était simple et réelle !

Si les temps étaient, pour l'Église de France, moins durs, l'on souhaiterait que des œuvres pareilles à celles des clercs de Saint-Merry fussent fondées dans chaque paroisse, afin de rehausser la solennité du culte et d'intéresser le peuple aux offices, en l'admettant à y prendre part ; mais, même à des époques plus propices, les clercs de Saint-Merry ont eut bien du mal à conserver leur existence, car, en 1900, l'Archidiacre de Notre-Dame, sous la juridiction duquel est placé Saint-Merry, avait résolu de les supprimer.

Celui-là pensait sans doute, comme tous ses confrères, que les laïques ne peuvent être autre chose qu'un bétail parqué dans l'étable d'une nef.

Ils furent sauvés par la mort de ce personnage qui trépassa avant d'avoir pu mettre son projet à exécution ; et le 26 novembre 1905, les clercs ont célébré, glorieusement, par une cérémonie magnifique, dans leur église, leur centenaire — non le centenaire de leur création dont on ne connaît pas la date — mais celui de leur réorganisation qui fut effectuée par le curé Fabrègue, en 1805.

Table des Chapitres

Achevé d'imprimer le 28 février 1920
sur la presse de René Kieffer
par A. Paudras

❦ ❦ ❦

Le Papier
Fabriqué spécialement à la forme par la
Maison Blanchet & Kléber

❦ ❦ ❦ ❦ ❦

Gothique de Simon Vostre

❦ ❦ ❦
❦ ❦
❦